国际传媒前沿研究报告译丛
黄晓新　刘建华　/ 主　编

MEDIA GOVERNANCE IN REPUBLIC OF KOREA

韩国传媒治理

〔韩〕金大浩 / 著
黄　菲 / 译

中国书籍出版社
China Book Press

图书在版编目（CIP）数据

韩国传媒治理 /（韩）金大浩著；黄菲译. -- 北京: 中国书籍出版社, 2023.8
ISBN 978-7-5068-9384-8

Ⅰ.①韩… Ⅱ.①金… ②黄… Ⅲ.①传播媒介—研究—韩国 Ⅳ.①G219.312.6

中国国家版本馆CIP数据核字(2023)第063959号

著作版权登记号/图字01-2029-2197

MEDIA GOVERNANCE IN KOREA
©2020 by Kim Daeho
All rights reserved.
First published in Korea by CommunicationBooks, Inc.
This simplified Chinese edition is published by arrangement with CommunicationBooks, Inc. through KL Management.

韩国传媒治理

[韩] 金大浩 著　　黄　菲 译

责任编辑	成晓春
责任印制	孙马飞　马　芝
封面设计	春天·书装工作室
出版发行	中国书籍出版社
地　　址	北京市丰台区三路居路 97 号（邮编：100073）
电　　话	（010）52257143（总编室）　　（010）52257140（发行部）
电子邮箱	eo@chinabp.com.cn
经　　销	全国新华书店
印　　刷	三河市富华印刷包装有限公司
开　　本	710毫米×1000毫米　1/16
字　　数	221千字
印　　张	17.75
版　　次	2023 年 8 月第 1 版
印　　次	2023 年 8 月第 1 次印刷
书　　号	ISBN 978-7-5068-9384-8
定　　价	75.00元

版权所有　翻印必究

国际传媒前沿研究报告译丛（8卷本）
编辑委员会

学术顾问： 胡百精　喻国明　周蔚华　魏玉山　张晓明　孙月沐
梁鸿鹰　林如鹏　方立新　喻　阳　于殿利　杨　谷
王　青　贺梦依　隋　岩　熊澄宇　邓逸群　谢宗贵
武宝瑞　高自龙　施春生　林丽颖　张　坤　韦　路
（排名不分先后）

主　编： 黄晓新　刘建华

编　委： 刘向鸿　李　淼　师力斌　孙佩怡　康　宏　杨驰原
张文飞　董　时　刘一煊　赵丽芳　卢剑锋　王卉莲
黄逸秋　李　游　王　珺　逄　薇　王　莹　杭丽芳
刘　盼　李文竹　洪化清　黄　菲　罗亚星　任　蕾
穆　平　曾　锋　吴超霞　邹　波　苏唯玮　汪剑影
潘睿明　傅　烨　肖　蕊　杨青山　杨雨晴　黄欣钰
邱江宁　周华北　林梦昕　王梓航　韩国梁　史长城
牛　超　薛　创　庞　元　王　淼　朱　琳
（排名不分先后）

出品单位： 中国新闻出版研究院传媒研究所

著者介绍

金大浩，仁荷大学传媒信息系教授。前韩国国家经济顾问委员会专家委员、韩国广播电视委员会和信息通信政策研究所高级研究员。曾任未来创造科学部和韩国广播电视通信委员会自我评估委员、金融委员会的金融创新委员、韩国传媒管理学会会长、广播电视通信政策咨询委员会成员、数字广播电视促进委员会成员。曾任韩国互联网振兴院和韩国广播电视广告公社等国有公共机构非常任董事，韩国电信（KT）和SBS电视台的外部董事。被韩国国家研究财团评为人文社会科学的杰出学者。曾在美国哥伦比亚大学商学院、法国勒阿弗尔大学、日本早稻田大学进行访学。著有《区块链治理》（2019年）、《2020韩国经济展望》（合著，2019年）、《区块链与法律》（合著，2019年）、《韩国传媒治理1980—2017》（英文版）（2018年）、《人工智能治理》（2018年）、《共享经济》（2018年）、《第四次工业革命》（2016年）、《互联网治理》（2015年）、《超链接的人类社会》（合著，2015年）、《Who owns the world's media?: Media concentration and ownership around the world》（合著，2015年）、《ICT生态圈》（合著，2014年）、《内容产业》（合著，2013年）、《媒体生态》（合著，2011年）等著作，并在韩国国内和海外期刊上发表了多篇论文。

译者简介

黄菲，韩国首尔科学综合大学院大学主任教授。本科毕业于北京大学朝韩语系，并同时取得经济双学位。2004年赴韩留学，在首尔国立大学获得管理学硕士、博士学位。2011年取得博士学位后在首尔科学综合大学院大学任教，现任中国MBA/Ph.D主任教授。自2014年起在成均馆大学管理学院担任兼任教授。曾任中韩经商学会理事，现代汽车外国人专家委员。自2014年起在中央电视台二套财经频道，韩国国家电视台KBS，韩国交通广播TBS，JTBC等中韩广播电视台担任特邀评论员或嘉宾主持。长期致力于进行国际化战略、品牌战略、数字化转型、领导力、社会责任等领域的研究，发表过多篇SSCI，SCOPUS，KCI，北大核心等海内外学术论文。

译丛前言

传播是人类与生俱来的行为，人类社会的不断发展带动传媒技术的不断变革与传媒形态的不断创新。传媒的进化发展反作用于人类社会，发挥社会监督、协调沟通、经济推动与娱乐润滑的作用，促进人类社会的不断进步。

加拿大著名传播学者麦克卢汉的"媒介即信息"认为，媒介所刊载的内容并不重要，重要的是媒介本身，一种媒介其实是一个时代一个社会文明发展水平的标志，它所承载的"时代标志性信息"是辽阔的、永恒的。一部文明史，其实质就是人类使用传播媒介的历史，也是传媒从简单到复杂的发展历史。

媒介发展史其实就是媒介技术变革史，正是因为造纸技术、印刷技术、电子技术、数字技术、网络技术、移动技术、人工智能等新技术的出现，人类传播从口耳相传走向窄众传播、大众传播，又从大众传播走到分众传播、精准传播，一切皆媒介、人人皆传播成为现实，世界也就成为名副其实的"地球村"。

进入 21 世纪以来，由于互联网特别是移动网络和数字技术的发展和普及，带来新的传媒革命，重构社会生态。党中央审时度势、高度重视、周密部署，2013 年我国开启传统媒体与新兴媒体融合发展的步伐。经过 10 年来各方面的共同努力，我国传媒融合发展取得显著成效，相当多的主流融媒体机构已经成型，融媒体传播能力已经具备，融媒体内容生产提质增效，主流舆论阵地得到稳固，媒体融合加快向纵深发展，并正在构建"全媒体传播体系"。在这个过程中，我们需要了解掌握国外媒体的融合现状、发展道路和趋势，学习借鉴国外媒体融合发展、建设的经验教训，为我所用，进一步攻坚克难。

中国传媒业作为文化产业的核心组成部分，在我国政治经济文化社会生活中发挥着信息传播、人际沟通、休闲娱乐和舆论引导、社会治理的功能，具有举足轻重的地位。国际传播能力也在不断提高，在国际传媒舞台上获得了一定的地位。但是，与纽约时报（The New York Time）、新闻集团（News Corporation）等国际传媒大鳄相比，我们的传播实力与国际地位还远远不足不够，在掌握国际话语权上还有较大的努力空间。

2022年10月16日，习近平总书记在党的二十大报告中指出，要"加强全媒体传播体系建设，塑造主流舆论新格局"，"增强中华文明传播力影响力。坚守中华文化立场……讲好中国故事、传播好中国声音，展现可信、可爱、可敬的中国形象。……推动中华文化更好走向世界"。要落实这一指示，夯实国际传播基础，增强中国软实力，提升国际话语权，我们既要利用国内政策与资源优势，也要了解国际先进传媒业的运作规律、基本格局和受众状况，知己知彼，才能把中华文化推向世界。

有鉴于此，我们组织编译出版了"国际传媒前沿研究报告"丛书。理论是灰色的，而实践之树常青。与以往的新闻传播理论著作译介相比，本套译丛更强调传媒发展实践，着重译介西方发达国家最新传媒发展态势的前沿研究报告，以鲜活的案例和有可操作性的做法，以及比较科学的理论总结，为中国传媒业提供切实可行的参照与抓手，加快走向世界的步伐，加快国内媒体与国际媒体的创新合作和"无缝对接"，加快建设国际一流媒体，为推动建设人类命运共同体作出贡献。

本译丛共 8 本，分别为《新媒体与社会》（美国）、《加拿大传媒研究：网络、文化与技术》（加拿大）、《传媒产业研究》（英国）、《德国传媒体系：结构、市场、管理》（德国）、《新视听经济学》（法国）、《俄罗斯传媒体系》（俄罗斯）、《澳大利亚的传媒与传播学》（澳大利亚）、《韩国传媒治理》（韩国）。

感谢中国新闻出版研究院，感谢业界、学界与政界的所有领导和师友，感谢本译丛版权方和相关机构的大力支持，感谢在外文转译为中文过程中立下汗马功劳的所有朋友们的努力、帮助和奉献，感谢中国书籍出版社的真诚付出。

由于水平和时间所限，译丛一定存在这样或那样的缺失和不足，望读者、专家不吝赐教。

黄晓新　刘建华
二〇二三年八月八日

以时空观民族观形质观深化文明交流互鉴[①]

（代序）

2022年10月16日，习近平总书记在党的二十大报告中指出，"增强中华文明传播力影响力。坚守中华文化立场……讲好中国故事、传播好中国声音，展现可信、可爱、可敬的中国形象。……深化文明交流互鉴，推动中华文化更好走向世界"[②]。中华文化影响力的提升和更好走向世界的一个重要基础就是世界文明的交流互鉴。他山之石可以攻玉，我们对其他优秀文明成果有了全面和深入的了解，可以借鉴其好的经验与做法，促进文化事业和文化产业繁荣发展，为国内外提供更多优秀文化产品，实现健康持续的文明交流互鉴。文化贸易是世界文明交流互鉴的一个非常有效的手段。对外文化贸易既包括文化产品的输出，也包括文化产品的输入，是输出与输入双向一体的过程。对于中华民族文化而言，兼容并蓄是其五千年惯以形成的品格，她对世界文化一直秉持开放借鉴的态度。要彰显中华文化在世界民族之林的应有位置，不仅需要输出我们的文化产品，而且也要输入世界优秀文化，以更好地发展中华民族文化，建设社会主义文化强国，增强中

---

① 本文作者刘建华，原载于《南海学刊》2022年11月第6期。
② 习近平.高举中国特色社会主义伟大旗帜为全面建设社会主义现代化国家而团结奋斗[EB/OL].新华社官方账号 https://baijiahao.baidu.com/s?id=1747667408886218643&wfr=spider&for=pc./2022-10/26/.

国国家文化软实力，提升中华文化国际影响力。输入世界文化的指导方针与基本原则就是文化扬弃，要对世界各民族文化进行抛弃、保留、发扬和提高。抛弃消极因素，利用积极成分，为中华民族文化发展到新的阶段做出贡献。本文以此为切入点，从时空观、民族观、形质观三个层面来研究分析文化产品输入的文化扬弃问题，力图为政府与贸易主体提供理论性的框架路线与实践性的方法指导，使世界优秀文化为我所用，"发展面向现代化、面向世界、面向未来的，民族的科学的大众的社会主义文化"。①

一、时空观与文化扬弃

对外文化贸易中，作为产品输入国，中国引进文化产品的指导思想与方法论就是文化扬弃。毛泽东指出，继承、批判与创新是文化扬弃的本质。毛泽东的文化扬弃理论的基本内涵是："以马克思主义文化观为指导，尊重文化发展的否定之否定规律，从中国革命和建设的需要出发，批判地继承中外历史文化的成果，从而创造性地建设有中国特色的无产阶级新文化。"②在具体文化实践中，毛泽东提出了文化扬弃的两条总原则，"一是坚持马克思主义文化观的指导，二是坚持从中国的具体情况出发，坚持为人民服务的方向"③。在这两条总原则下，要灵活机动地对中外文化进行继承、批判与创新。"历史上

---

① 习近平.高举中国特色社会主义伟大旗帜为全面建设社会主义现代化国家而团结奋斗[EB/OL].新华社官方账号 https://baijiahao.baidu.com/s?id=1747667408886218643&wfr=spider&for=pc./2022-10-26/.
② 常乐.论毛泽东的"文化扬弃论"[J].哲学研究，1994（2）：4.
③ 常乐.论毛泽东的"文化扬弃论"[J].哲学研究，1994（2）：6.

的许多文化遗产却并没有这种可以截然分割的具体形态，而是好坏相参、利害糅杂的有机统一体。"① 对于国外文化的扬弃，毛泽东作了一个形象的比喻，"一切外国的东西，如同我们对于食品一样，必须经过自己的口腔咀嚼和胃肠运动，送进唾液胃液肠液，把它分解为精华和糟粕两部分，然后排泄其糟粕，吸收其精华，才能对我们的身体有益"②。

在对外文化贸易的实践中，文化输入是一个非常复杂而又需要大智慧与大战略的把关过程，它涉及本国消费者文化需求满足与本国文化价值观主体地位问题。在马克思主义的时空观理论中，时空的本质就是社会时空观，或者说是实践时空观。"实践是人的实践，社会也是人的社会，正是人通过长期的物质生产活动和人类之间的相互交往活动，才形成了人类社会和人类社会历史，世界历史无非是人通过人的劳动而诞生的历史"③。所谓实践时间，是指人类实践活动的持续性。所谓实践空间，是指实践运动的广延性。它包括地理空间与关系空间。前者是指以实体形式存在的地理环境，表现为人们进行生产、生活、科学研究和从事各种活动须臾不可缺少的场所。后者是交往空间，是人们实践活动中结成的经济、政治、文化生活等日常的和非日常的交往关系。实践空间是衡量人类对自然的占有规模以及人类社会联系和发展程度的特殊尺度。

每个时代有一定的文化产品，每个地理空间与关系空间也有一定的文化产品，它们有着各自的本质与特征。随着交通技术与信息技术

---

① 常乐. 论毛泽东的"文化扬弃论"[J]. 哲学研究，1994（2）：3.
② 常乐. 论毛泽东的"文化扬弃论"[J]. 哲学研究，1994（2）：5.
③ 黄小云等. 论马克思时空观的实践维度[J]. 文史博览，2006（12）：33.

的发展，全球化成为现实，各国之间经济、文化、社会的联系与交往日益密切。中国在大力输出自己文化产品的同时，也在努力引进有益于本国经济、政治、文化、社会与生态文明建设的国外文化产品。而世界各国由于地理上的区隔及基于此的改造自然与社会的过程不同，其文化产品也是千姿百态，不同历史时期与不同区位的文化产品必然有其不同于中国文化实践的特征，也不一定都适合中国的文化消费需求。因此，只有对国外文化产品的时间结构与空间结构有准确的了解与把握，才能真正实现文化扬弃的产品输入。

1. 时间结构

关于文化产品的时间结构，我们可以从三个层面来进行分析。一是人类历史层面，二是产品时效层面，三是消费时长层面。

人类历史层面是指不同历史发展阶段的文化产品结构问题。对于不同的输入国来说，对不同时间段的文化产品的需求种类与数量是不同的。关于人类历史的划分，没有一个固定的标准。对于人类发展史上文化产品的时间划分，我们借用美国历史学家斯塔夫里阿诺斯在其著作《全球通史》中的划分标准，分为古典文明时期（公元500年之前）、中世纪文明期（公元500—1500年）、西方崛起文明期（公元1500—1763年）、西方优势文明期（公元1763—1914年）、现代文明期（1914年后）、当代文明期。

我们所说的文化贸易具体是指精神文化的贸易。精神文化又包括几个层面，一是指公益性的承载人类永恒价值的文化，一是指供大众消费娱乐的文化。从以上六个时间段来说，古典文明、中世纪文明、西方崛起与优势文明时期的文化，大多是指那种具有人类永恒价值的文化，主要指精英高雅文化，当然也包括一些民间通俗文化。现代科学技术飞速发展，传播技术不断改进以后，印刷、复制、传播、阅读等变得日益简单与普及，大众文化随之诞生。大众文化产品实质是当前国际文化贸易的主要内容。因为大众文化既能承载精英高雅文化内容，也能承载民间通俗文化内容，并在此基础上，创造出为当代大众所欢迎的文化产品。即使是芭蕾、歌剧等高雅文化内容，也能通过大众生产与传播手段，成为受众喜闻乐见的产品形式。从这个意义上来说，现代文明与当代文明期的文化，实质上主要是指以传媒产品为核心的大众文化产品。

因此，对于中国来说，在输入国外文化产品时，应当注意其历史时间结构。既要输入当代时尚的、先进的文化产品，又要考虑输入其古典文明期、中世纪文明期、西方崛起与优势文明期的精英高雅文化。这些文化具有永恒的人类价值，对于开启中国人的智慧、转换中国人的思维方式，具有巨大的借鉴作用。

产品时效层面是指文化产品的时效性结构问题。时效性是指信息的新旧程度、行情最新动态和进展。对于文化产品来说，我们根据其时间耐久的程度，可以分为即时性文化产品、一般性文化产品与恒久性文化产品。

即时性文化产品对时效性的要求最高，需要即时生产、即时传播、即时接受，一旦时过境迁，该文化产品就没有多大意义了。随着现代传播科技手段的发展，人们对信息时效性的需求将有增无减，永无止境。信息化时代，市场竞争日益激烈的时代，谁最早获得信息，谁将拥有决定胜负的主导权。如同商业竞争者们所说，当下不是大鱼吃小鱼的时代，而是快鱼吃慢鱼的时代。商业竞争如此，日常生活也是如此。人们不再满足于最近、昨天、上午等时间上的信息获得，他们需要了解今时今刻、即时即刻乃至将时将刻的信息，需要了解正在发生与将要发生的信息。但凡是提供这方面服务的传媒产品，必然受到欢迎。从另一个角度来说，如果某个媒体提供的新闻信息不能及时传播给受众，那将毫无意义。

即时性的文化产品主要是指提供新闻信息的大众传媒，诸如报纸、电视、互联网等，当下主要是指微博、微信、移动客户端等新媒体产品。对于中国来说，输入即时性的文化产品主要应该是指电视与互联网媒体。尤其是在网络社会与数字化时代，中国受众对世界各地发生的新闻需要有即时的了解，才能了解自己所处的环境，从而做出各种正确判断与决策。而广播、电视、互联网、微博、微信、移动客户端等，是人们即时掌握国外信息的主要手段。所以，中国必须选择与输入适宜的互联网新媒体及广播电视产品，以满足国内受众的文化需求。

一般性的文化产品是指在短期内或者近期内传播并有效消费的产品，也就是说，这类文化产品的时间跨度稍长，处在恒久性文化产品与即时性文化产品之间。这类文化产品具有当代时尚前卫的形式，是针对当代人的文化消费心理与需求而设计生产的，内容具有当下性，可以在一段时间（如一周、一个月、一年）之内有效传播并消费。当然，这个一段时间不具永恒性，过了一定的时间段，就有可能失去市场，难以为受众所接受。

通常而言，畅销书、音乐、广告、影视剧、演艺、动漫游戏、部分可视艺术（设计、工艺、书画）等，都属于一般性文化产品，它们的传播与消费可以持续一段时间，一两年之内不会过时。比如畅销书，一般拥有一年时间的市场。当然，时间不会太长，试想，十年前的畅销书，现在可能没有多少人愿意去看。流行音乐也是如此，今天的人们恐怕不会有太多人去听几年前甚至几十年前的流行音乐，有些流行音乐也许过几个月就没人去听了。广告、影视、动漫游戏等也是如此，我们不能总是把国外很多年前的电影引进来，因为影视剧还是具有一定的时代性，广告也是根据市场主体某个时段的营销计划而设计的，公司隔一段时间就更换广告深刻说明了这一点。部分工艺与书画作品也不一定具有恒久传播与消费价值，随着时代的变化，人们的消费偏好也会有所变化。譬如，书画领域的范曾热、启功热等，就说明了这一点。

恒久性的文化产品是指此类产品具有永恒价值，没有时效性，不论在什么时代都具有传播与消费价值。这类文化产品主要是指经典文学作品、音乐、工艺与书画艺术等。对于这些文化产品来说，输入者有充裕的时间去甄别去选择，根据本国消费者实际情况与思想意识形态指向，引进适销对路的文化产品。

文化产品的消费时长层面是指受众消费文化产品耗时多少的问题。文化产品是体验性的消费产品，是一种时间性产品。这就要求消费者必须对一个文化产品完整消费后，才能获得其价值，也才能知道是否满足其消费需求，也决定了消费者对此类产品的再购买。因此，把握消费者的消费时间观念就极为重要。消费者对文化产品耗时的接受程度是多元复杂的，不同职业、不同性别、不同年龄、不同民族的消费者，对同一类型文化产品的耗时长短定然不一。譬如电影，有些消费者可能喜欢1个小时之内时长的，有些消费者可能喜欢1—2个小时时长的，有些消费者可能喜欢2—3个小时时长的，当然，电影作为按小时计量消费的文化产品，绝不会达到四五个小时，这已超过了所有消费者的极限。因此，必须根据不同消费者的消费时间偏好，输入不同时长的电影。对于中国观众来说，目前比较喜欢的是长达近3小时的好莱坞大片，1小时左右的电影并不受其欢迎。在浅阅读时代，人们的眼球资源的确不够分配，也应运出现了读图书籍、短视频与微电影等，这就需要文化产品输入者进行及时把握与调整了。

所以，对于中国而言，文化产品输入者应该对不同人口统计特征的消费者进行深入研究分析，针对不同的消费时间偏好及其发展变化趋势，准确引进不同时长的国际文化产品。影视剧、歌舞演艺、图书等文化产品，尤其受消费时长的影响，而这些产品又是国际文化贸易的主要对象，因此，有必要对这些文化产品做出详细分析与区隔，进行分门别类的引进。

2. 空间结构

文化产品的空间结构包括地理空间与关系空间两个层面。

从地理空间来看，2019年，根据商务部服贸司负责人的介绍，"从国别和地区看，中国文化产品对东盟、欧盟出口增长较快，分别增长47.4%、18.9%；对'一带一路'沿线国家出口增长24.9%；对美出口下降6.3%"[1]。根据商务部一位新闻发言人的介绍，"2017年，美国、中国香港、荷兰、英国和日本为中国文化产品进出口前五大市场，合计占比为55.9%，我国与'一带一路'沿线国家进出口额达176.2亿

---

[1] 数据来源于中国新闻网，https://baijiahao.baidu.com/s?id=1661399484447253162&wfr=spider&for=pc，2021-8-20.

美元，同比增长18.5%，占比提高1.3个百分点至18.1%，与金砖国家进出口额43亿美元，同比增长48%。文化产品出口881.9亿美元，同比增长12.4%；进口89.3亿美元，同比下降7.6%。顺差792.6亿美元，规模较去年同期扩大15.2%"[1]。从更早的时间2012年来看，中国引进的文化产品分布情况如下[2]：我国文化产品进口国家的地理分布都是美洲、欧洲、亚洲、大洋洲的分布格局，几乎没有非洲国家的文化产品。从国家个数来看，排名前15的进口国中，欧洲国家最多，核心文化产品国家中有6个，占40%；亚洲国家与地区居次，有5个，占33.3%；美洲国家排第三，有3个，占20%；大洋洲只有澳大利亚，非洲国家缺位。从进口金额来看，欧美国家份额最大，2012年1月份核心文化产品进口额为1902.9万美元，占排名前15的国家总额3821.7万美元的一半；亚洲国家与地区1896.9万美元，几乎占据另外一半份额。也就是说，从空间结构来说，中国文化产品进口国主要是欧美国家与亚洲国家，各占据半壁江山。欧美国家主要集中在经济发达资本主义国家，亚洲国家与地区主要集中在日本、韩国与中国台湾及香港地区。值得一提的是，近几年中国与"一带一路"沿线国家和地区的对外文化贸易规模逐步扩大。

这个地理空间结构存在较大的非均衡，欧美国家主要是英美等老牌资本主义国家，应该要兼及对东欧及南美洲一些国家文化产品的进口。亚洲方面，主要是日本、韩国、中国香港、中国台湾等东亚国家

---

[1] 数据来源于中国产业信息研究网，http://www.china1baogao.com/data/20180209/1578390.html，2021-8-20。
[2] 数据来源于商务部服务贸易司，《2012年1月我国核心文化产品进出口情况简析》，中国商务部 http://www.mofcom.gov.cn/aarticle/difang/yunnan/201204/20120408067456.html，2012-4-19。

与地区,而东南亚、西亚与中亚(如印度、泰国、埃及)等国家,虽然在"一带一路"建设倡议下各个指标有所提高,但尚需加大文化产品进口力度。至于非洲国家,也应该有一定的文化产品进口计划,以加强中国与非洲国家的文化交流与互动,从而更好地促进中华文化在非洲国家的影响力。

从关系空间来看,凡是与中国建立外交关系,或者有政治、经济、文化与社会其中之一交往关系的国家与地区,在理论上都应该与中国有文化贸易关系,既包括中国文化产品的输出,也包括中国对这些国家与地区文化产品的输入。只有坚持这种开放与公平的文化交流立场,才能真正使中华文化在世界上有着独立而不可替代的地位,成为公平与正义的代言人,拥有不可小视的话语权,为人类文明的发展与进步做出应有的贡献。

3. 时空文化产品的扬弃

文化产品因其时间性与空间性,结构繁杂多元,中国输入国际文化产品时,应该坚持均衡与适时的文化扬弃策略。

所谓均衡策略,是指文化产品空间结构的合理安排。既要按照先进性原则,大力引进发达国家,特别是西方发达资本主义国家的先进文化。这些文化产品蕴含着人类发展的最前沿思潮与科技创新,对中国文化的发展,对中国人民思维方式的转变,对中国人民知识结构的改善,对中国经济、政治、文化、社会与生态文明的进步,具有巨大的促进作用,应该大力引进。同时,我们又要按照均衡与公平原则,对凡是与中国有经济、政治、文化、社会交往关系的国家,进行一定的文化输入。要在文化没有优劣的理念指导下,对五大洲各个国家的文化产品进行适量而科学的引进。这不仅仅是为了让中国人民了解这些东道国的文化,更重要的是树立中国坚持文化平等交流的大国形象,消解世界各国对中国崛起称霸全球的误会,使中国文化获得更多国际受众的了解与认可,为中华民族文化在世界民族之林中争得应有地位。

所谓适时策略,主要是指对时间文化产品的合理安排与引进。要科学地对国际文化产品按照人类历史层面、产品时效层面、消费时长层面进行分类引进,要在对本国消费者进行深入科学的调研基础上,适时引进不同时间特性的文化产品。从人类历史层面来看,我们不仅要引进现当代的大众文化产品,而且也要引进古典文明时期、中世纪文明时期、西方崛起文明时期与西方优势文明时期各个国家的经典作品,如欧洲文艺复兴时期的哲学与文艺作品、古埃及与古印度的经典文艺与宗教作品。从产品时效层面来看,我们应对国际文化产品的即时性、一般性与恒久性进行区隔,针对本国消费者时间偏好进行适销对路的产品引进。从消费时长来看,要具体把握国内消费者的时间弹性,认清不同国家消费者在文化产品耗时容忍度上的差异,在此基础上,对不同时长的文化产品进行有效引进。

二、民族观与文化扬弃

本文所说的民族文化产品,是指从价值观与思维方式视角来审视的文化产品,也就是说,这些文化产品代表着一个民族的核心价值观与思想意识形态,是一个民族国家合法性存在的前提。从这个意义上来看,作为文化产品引进者,我们必须对某个民族文化产品持辩证的态度，既要认识到该民族文化是该民族国家合法性存在所必不可少的东西，是维系该民族团结、发挥凝聚力与创新力作用的精神性东西；又要清醒地知道，对于自己国家来说，该民族文化产品不一定有其合理之处与存在价值，有些甚至对自己国家文化价值观与思想意识形态的维系起着消解作用。因此，我们需要对某个民族文化产品进行审慎对待与科学分析，需要输入者具有高远的智慧与精准的把关能力，一是尽量输入民族精粹成分占优势的文化产品；二是在两者难以分开的情况下，引进时要对国内消费者进行一定的国际文化鉴赏素养教育，使消费者自己能主动区分并吸收该民族文化精粹，抛弃文化糟粕。

1. 民族精粹与糟粕

首先，我们需要界定何为民族精粹与民族糟粕。所谓民族精粹，是指在某个民族文化中，维系该民族凝聚力、激发其创新力的反映特定价值观与思想意识形态的文化成分。所谓民族糟粕，是指存在于民族文化中，宣传封建迷信霸权，压制个性创造，忽视人本、民主与科学精神的文化成分。在世界各国民族文化中，既存在那种崇尚个性、尊重人本、主张科学民主的文化，也必然存在不同样式的文化糟粕。

其次，我们需要界定民族精粹与民族糟粕的表现形态。对于民族精粹的表现形态，就中国而言，可以从优秀传统文化、主流意识形态文化与先进文化三个层面进行剖析。优秀传统文化主要是指在中华五千年文明历史中，中国劳动人民在改造自然与社会的实践中所形成的民族文化精粹，包括：普适性的科学文化，如四大发明、地动仪等；精英文化，如诸子百家的学说，尤其是儒家的仁爱谦和文化，历代文人墨客对生活与社会感悟的优秀文学作品（李白、白居易诗歌，四大名著等）；民间文化，如各种民间文学，流传于老百姓生活中的风俗与习惯等。就国际文化而言，主要包括优秀传统文化、科学技术文化等。譬如西方文化，其民族精粹就是其科学、民主、人本精神与丰富的科学技术发明，当然，也包括西方历史上哲人大师的作品，如柏拉图、亚里士多德、康德、莎士比亚、贝多芬、凡·高、韦伯等人的著作。科学家们的理论著述与实践发明等，也是其民族文化精粹，需要吸收利用。当下来看，西方民族文化精粹与糟粕交错在一起，其糟粕具有很大的隐蔽性，往往以娱乐的形式，打着人本、民主、科学的旗号，大肆进入世界各国，特别是对发展中国家来说，往往被这些"普世性"文化所迷惑，在享受其文化精华的同时，不知不觉也为其糟粕所俘虏，对本民族文化价值观与思想意识形态构成巨大威胁。例如，我们在享受好莱坞电影、迪士尼文化、麦当劳文化的同时，也被美国文化中的个人主义、拜金主义所影响。具体而言，当下世界各国文化精粹与文化糟粕交错在一起的表现形态就是以娱乐为主的大众文化产品，包括报纸期刊、影视剧、动漫游戏、广告、流行音乐、畅销书、文化旅游、互联网、新媒体等。相对而言，高雅艺术如歌舞剧、经典作家图书、可视艺术（绘画）、经典音乐等，则侧重于表现一个民族文化中的精华内容。

最后，我们需要厘清民族精粹与民族糟粕的作用与影响。对于文化产品输入国来说，引进的文化产品优劣，直接影响到该民族的文化价值观与思想意识形态，影响一个国家的凝聚力与创造力，甚至影响一个社会的动荡与政权的更迭。东欧剧变与苏联解体，使西方国家认识到，比军队大炮更有力更隐蔽的武器应该是文化，于是，硬实力之争转变为软实力之争。经济全球化与文化全球化背景下,各民族国家不能独立于国际文化交流之外。实际上,国际文化交流也的确能够促进一个民族国家经济社会的发展,能够给本国人民带来更多福利。但是,文化毕竟是一个民族国家合法性存在的前提,倘若一个国家的民族文化全然被他国文化所代替,则这个民族国家也就丧失了存在的合法性了。更严重的是,西方经济发达国家,对于和自己政治制度不同的国家抱有敌意,一些政客总是希望通过对别国的控制来攫取更多的利益,形成民族国家之间的不公与非正义。因此,他们有意无意把所谓的普世文化掺杂在各种形式的文化产品中,以达到和平演变、不战而屈人之兵的成效。鉴于此,文化产品输入国应该深切认识各国文化精粹的促进作用与文化糟粕的破坏性,以审慎的态度、科学的方法、高瞻的智慧、宽大的胸怀、自信的立场,引进国际文化产品,有效利用并提升其文化精粹的促进作用,排除并解构文化糟粕的破坏作用。

2. 民族文化产品的扬弃

要有效利用民族文化精粹并解构民族文化糟粕,就要采取毛泽东所说的"吸取精华、去其糟粕"的文化扬弃原则。要做到此,需要从以下三方面入手。

第一,从市场主体来说,需要其兼顾社会效益与经济效益,做一个具有民族发展责任的企业。在对民族文化产品的扬弃过程中,涉及价值观与思想意识形态的一致与冲突问题,关乎整个国家的民族价值观与主流意识形态的形成与传承问题。对外文化贸易中,作为以利润最大化追求为目标的市场主体,偏重对经济效益的考虑定然会多些,这也是无可厚非的。对于具有巨大市场价值的国际文化产品，市场主体必然积极引进，以规避投资风险，寻求利益最大化。然而，民族价值观与主流思想意识形态的维系是所有中国人都应尽的责任与义务。作为中华大家庭中的一员，市场主体在具体的文化贸易执行过程中，也应该有这种责任意识与义务担当，社会效益的维系也必然成为其引进国际文化产品的一个首要度量因素。

第二，从消费者来说，需要具有古为今用、洋为中用的思想境界，做一个有民族荣辱感的主人翁。国际文化产品到达消费者手中时，已经是一个精神产品的接受过程。消费者在体验性消费后，获得的是精神上的收益。精神文化产品的消费过程，不仅能给消费者带来精神性的快感，也会加深、改变或破坏消费者已有的价值观与思想意识形态。如果某种文化产品所承载的文化价值观与思想意识形态与消费者既有的价值观和思想意识形态存在相同或呼应之处，则会强化与加深这些价值观与思想意识形态。如果是相反或者有所偏差，则有可能对消费者既有的价值观与意识形态产生冲击，或者偏离，或者破坏，或者改变。因此，作为消费者，必须有一定的国际文化产品鉴赏能力，要具有"古为今用、洋为中用"的思想境界，以一种中华民族文化主人翁的姿态，对国际民族文化产品进行抛弃、保留、发扬和提高，吸收其有利文化成分。

第三，从政府监管者来说，需要其制定科学有效的民族精粹与糟粕的鉴别框架体系，做一个有民族振兴使命感的主导者。国际民族文化产品，有着不同于普适性的科学技术文化产品或纯粹性娱乐文化产品的本质特征，它所蕴含的价值观与思想意识形态对消费者个体和民族国家的作用并不相一致。同样的文化产品，对消费者个体来说，提供的可能是正向精神福利，但对民族国家来说，也许是负向精神福利。譬如，消费者在消费好莱坞电影时，美国式的叙事方式与高科技技术手段，的确让消费者享受到了正向精神福利，但隐含在影片中的美国价值观与思想意识形态会潜移默化地影响消费者的价值观与思想意识形态，这对一个民族国家而言，具有巨大的威胁，是一种负向精神福利。因此，作为监管者的政府管理部门，必须成为国际文化产品输入过程中的主导者，才能确保文化产品给消费者个体与民族国家提供最大化的正向福利。基本做法是：首先，政府监管者要明确本国涉及价值观与思想意识形态的文化构成。其次，在文化产品的输入实践中，政府部门要制定一个详细的文化产品引进指导方案，对普适性的科学技术文化、纯粹娱乐性文化与价值观和思想意识形态文化进行区分，分门别类。最后，政府部门要构建民族文化产品社会效益评估指标体系，综合评估给输入国带来的正向社会效益与负向作用，做出是否引进的决策。

三、形质观与文化扬弃

形质是普遍地当作一个词语来进行理解的，字典上的解释有肉体、躯壳，外形、外表，才具、气质，形制，形式等。在中国书画艺术中，形质与意象相对应。在建筑、文学等艺术创作中，有形质与意的呼应及渗透问题。中国太极中，也有形质与神意的说法，即以形取意，以意象形。在西方，有一个形质学派，该学派起源于1890—1900年间，由布伦塔诺的弟子厄棱费尔和麦农创立，他们接受了布伦塔诺的思想，将布伦塔诺的意动心理学具体运用到形 (form)、形质 (form-quality) 的形成，认为形、形质的形成既不是感觉的复合，也不是马赫所说形式是一种独立的存在，而是由于意动，才使形、形质呈现出来。形质学派的初衷是对元素主义进行批驳。他们自称发现了一种新元素，并由注重形质而研究复型，后又由复型的分析发现倾向于意动的探讨。形质学派一方面发展了马赫的感觉理论，另一方面又为格式塔心理学派提供了一套完整的形质的概念与理论根据。在知觉理论上，形质学派是由元素主义向格式塔心理学过渡的桥梁。

通过以上关于形质的解释与分析，我们不是想把某种理论简单拿过来分析文化产品，而是力图汲取其中的养料，结合文化贸易实践，分析在引进国际文化产品时，如何在形质上进行评判，以输入适宜的国际文化产品。不论是书画艺术、太极拳，还是西方的形质学派，他们都注重一种事物形式与内涵的完美结合。在中国艺术理论领域，形质偏重于指外形、形态，指人们能观看得到的外在形象。西方的形质学派认为，外形的形成，有赖于意动，这实际上是指事物内涵对人们知觉上的刺激，在内涵意动的驱动下，事物的形质才得以呈现。英文单词 form-quality，就是形式与才质的复合体，这说明了形式与才质交错结合的必要性及它们对于消费者知觉刺激上的必要性。对于文化产品来说，只有美的形态与优的才质的完整结合体，才能值得我们去引进，才能值得本国受众去消费，才能对本国文化创新发展发挥积极有效的作用。

其实，形质一词既包含了外形之义，也兼具才质之指。我们更应该把它作为一个短语来理解，即通常所说的文质彬彬，指的是文采与质量都非常好。对于文化贸易实践来说，我们也应该引进"形质彬彬"的国际文化产品。出于研究上的方便，我们从产品类型与产品才质两个方面分别分析国际文化产品的特征。

1. 产品类型

如果按照两分法，我们可以把文化产品分成有形的与无形的两种。前者是指文化产品实体，后者指的就是版权。文化产品实体包括由产品输出国生产的新闻、报刊、图书、音像、广播影视、广告、动漫游戏、演艺歌舞、可视艺术（工艺品、书画等）、互联网、新媒体等。版权即著作权，是指文学、艺术、科学作品的作者对其作品享有的权利（包括财产权、人身权）。版权是知识产权的一种类型，它是由自然科学、社会科学以及文学、音乐、戏剧、绘画、雕塑、摄影和电影摄影等方面的作品组成。

在国际文化贸易中，既有图书、影视剧、音像制品、绘画、工艺品等实物的贸易，如各种图书博览会、电影节、文化旅游等，也包括关于此类文化产品的版权贸易。在智能技术、移动技术、数字技术与网络技术时代，全媒体的产生，可以使不同媒体形态的内容同时在不同类型媒体上进行传播与消费，媒介介质的边界得以消失，这为版权贸易创造了更加有利的条件，版权贸易是将来文化贸易的主体形式。

从具体的形态来看，国际文化产品的类型主要包括核心文化产品、外围文化产品与相关文化产品三大层次。在当下的对外文化贸易实践中，中国主要侧重输入世界各国优秀的核心文化产品与外围文化产品，这类产品对于文化价值观与思想意识形态的维系起着重大作用，影响一国凝聚力的形成，决定一国文化软实力的强弱，对于一国文化创造力与影响力具有巨大的促进或破坏作用。

国家统计局和中宣部共同编辑的《中国文化及相关产业统计年鉴.2020》数据显示，2019年我国文化及相关产业进出口总额为1114.5亿美元，出口额为998.9亿美元，进口额为115.7亿美元，顺差为883.2亿美元。贸易顺差的扩大，一方面说明了我国文化实力在不断增强，文化产品获得了国际市场的认可；另一方面，也显示了我国在对国外文化产品的引进力度上还有不足。作为一个经济实力全球排名第二的大国，要建成文化强国，除了让自己的文化产品走出去，还应该把世界优秀文化产品引进来，只有在与全人类优秀文化产品的交流互动中，借鉴吸取其精华和优点，才能不断生产出更优秀的文化产品，真正成为有全球影响力的文化强国。反观当下文化进口现状，还是有较大的提升空间。有关数据显示，"2019年我国文化进口方面，图书、报纸期刊、音像制品及电子出版物为16.5亿美元，其他出版物为4.5亿美元，工艺美术品及收藏品为36.8亿美元，文化用品为23.9亿美元，游艺器材及娱乐用品为11.1亿美元，文化专用设备为38.4亿美元"[1]。纵观中国核心文化产品的引进情况，总体来说，类型日益多样，新闻出版、图书、期刊、电子出版物、广电影视等都包括其中，引进数量、金额与版权数也在不断增加。但是，问题也很明显，一是引进总量偏小，二是仅限于图书、期刊、电影的引进，并且主要是图书的引进，包括实体图书与版权的引进。近年来在文化产品引进工作上有了提升，如电影方面，2012年，中国在原本每年引进20部美国电影的基础上增加了14部IMAX或3D电影，中国观众看到了更多的美国电影。近年来，随着国产片的壮大，进口片票房所占份额在不

---

[1] 国家统计局社会科技和文化产业统计司，中宣部文化体制改革和发展办公室编.中国文化及相关产业统计年鉴.2020[M]．北京：中国统计出版社，2020：245.

断压缩，2018年为35%左右，进口片包括美国片、印度片、日本片、法国片等，但贡献份额最大的还是美国片。

在文化产品引进上，我们还需要在产品类型上多下功夫，既要引进那些优秀的为我国受众所喜闻乐见的产品，又要考虑不同民族国家不同类型文化的独特性，引进丰富多元的文化产品。

2. 产品才质

产品才质主要是指引进的文化产品的质量。ISO8402对质量的定义是：反映实体满足明确或隐含需要能力的特性总和。ISO9000对质量的定义是：一组固有特性满足要求的程度。美国著名的质量管理专家朱兰（J.M.Juran）博士从顾客的角度出发，提出了产品质量就是产品的适用性。即产品在使用时能成功地满足用户需要的程度。适用性恰如其分地表达了质量的内涵。这一定义突出使用要求和满足程度两个重点。对于文化产品来说，其质量的内涵极为复杂。一般来说，文化产品分为社会客体与精神客体两个方面。作为社会客体，主要体现为物质形态、设计、包装等方面。消费者对其的使用要求主要落在美观、舒适、简便等方面，并因人、因时、因地、因民族而不同。虽然复杂多元，但基本的使用要求与一般工商产品并没有太大差异，只要紧扣产品性能、经济特性、服务特性、环境特性与心理特性等同几个方面的满足即可，其追求的是性能、成本、数量、交货期、服务等因素的最佳组合。

对于文化产品的精神客体来说，其质量要求与满足非常难以把握。由于文化产品的精神属性与符号特征，生产者总是以一定的规则与方式把意义编码进去，因此消费者必须具备与生产者共通的文化空间，才能进行准确的解码，不然，就会发生霍尔所说的偏向解读与反向解读。即使是优秀的文化产品，在输入国消费者看来，也就一文不值，遭到唾弃。对引进文化产品精神客体的才质判断是：在使用要求方面，主要包括信息获得、娱乐休闲、思想情操陶冶、良好价值观塑造、思想意识形态强化等。在满足程度方面，对于消费者个体而言，主要是信息获得的及时性、身心放松、精神世界的净化、良好道德的培养、良好的售后服务等；对于民族国家而言，主要偏重于文化价值观与统治阶级意识形态的维系与强化。如果引进的文化产品对一国价值观与思想意识形态构成威胁甚至破坏，在输出国或其他国家看来非常优秀的文化产品，也有可能被输入国视作文化糟粕与文化垃圾。

要之，对于文化产品的才质要求问题，会因个人、因民族、因国家、因环境的不同而不同，没有"普世性"的大一统文化产品，是否为优秀产品，需要以动态的视角去评判，尽可能获得一个综合性的最佳组合。当然，文化产品质量的判断还是有一个基本标准的，首先是形态适宜，其次是产品特性、功能、价格、成本、服务等有一个最佳组合，最后是其给民族国家与消费者个体可能带来的精神福利的最优综合得分。

3. 形质文化产品的扬弃

对于此类文化产品的引进，首先，我们坚持"形质彬彬"的扬弃方略。要综合判断文化产品的类型及其对民族国家与消费者个体可能带来的满足，再进行抛弃、保留、发扬和提高。既不能投消费者所好，仅限于单一类型文化产品的引进，譬如，我们不能因为浅阅读时代、消费碎片化时代的特征，一味引进视听媒介产品，而应该着眼于不同类型文化产品的合理结构加以引进。同时，我们也不能投某个管理组织所好，只引进有利于其价值观与思想意识形态维系并强化的文化产品，而应该考虑综合引进反映全人类先进文化与时尚文化的各种类型文化产品，哪怕是承载美国霸权思想的好莱坞电影与麦当劳文化，我们也要进行一定比例的引进。

其次，引进者需要熟悉本国消费者个体与民族国家对不同类型或者同一类型甚至同一种文化产品的使用要求，进行分门别类的合理引进。这就要求引进者做大量细致的调研工作，要不厌其烦地监测市场消费要求的动态变化，随时调整引进计划，尤其重要的是，对引进产品的类型与才质要具有高远的前瞻性，最大化避免不当文化产品对市场主体、国家与消费者个体造成的破坏与损失。

最后，引进者要对文化产品持有整合满足需求的理念，不要固守于单个因素的极致化追求，要整合文化产品各个因素给消费者个体与民族国家带来的最佳效应，以决定是否引进。

前　言

2020年是《朝鲜日报》和《东亚日报》创刊100周年。韩国现代意义上的第一家媒体是1883年创刊的《汉城旬报》，但它仅仅存在一年就停刊了，非常短暂的时间。能够见证具有100年历史的媒体在韩国这样现代化历史较短的国家里发挥重要作用是很有意义的。现在，这两家公司的名称也分别改为"朝鲜媒体集团"和"东亚媒体集团"。从这里也可以感受到这百年来韩国媒体发展的变化。

在过去的100年里，韩国媒体以难以想象的速度发展和变化。报纸在媒体的早期发挥了核心作用，之后它逐渐扩展到广播，通过与互联网和移动设备的融合，形成了超链接的社交媒体和视频媒体。甚至汽车现在也正在转变为包含媒体角色的智能汽车，汽车成为新媒体的时代即将到来。

韩国到1980年以前报纸和广播等媒体机构都屈指可数，而且规模也不大。这些传统媒体在当时是传播新闻信息和娱乐的主要手段。这一情况直到1980年以后才发生改变。自那以后，韩国社会飞速发展、经历了经济高速增长和社会巨变，媒体也彻底脱胎换骨。在此期间，韩国成功实现了工业化、民主化和信息化从而发展成为世界发达国家。韩国从20世纪60年代世界最贫穷的国家之一，发展成为世界第10大经济体的发达国家。全球甚至将韩国道路视为发展模式。韩国从世界的边缘变成了中心地区之一。伴随着韩国自20世纪80年代以来的变化与成长，媒体也处于另一个发展中心经历着变化与成长。

我于2018年由世界著名学术出版社Springer的Palgrave Macmillan出版了《韩国媒体治理1980—2017》一书，探讨了20世纪80年代以来韩国社会变化中的媒体治理变化。正如标题所示，此书将1980年至2017年整个37年中韩国的媒体变化作为治理框架进行了纵向考察。由于长期在海内外参加讨论和接触ICT（信息和通信技术）以及媒体，我收到了许多海外专家关于韩国ICT和媒体的撰稿和讲演的邀约。国际学术界和产业界的专家高度评价韩国的ICT产业和传媒产业。韩国的信息通信技术被视为世界信息社会的典范，韩国媒体和舆论被认为在自由民主中发挥了重要作用。因此，我认为，很有必要向世界分享韩国媒体的变化。而且在学术界，韩国传媒也已成为一个很好的案例。这就是笔者为什么先出版了英文版的原因。

这本书的英文版出版以后，韩国国内也要求用韩文出版这本书。

伴随着全球性的历史变迁，韩国社会和传媒产业已陷入了变革的漩涡。韩国政府对媒体的控制得到加强，关于"假新闻"的争论也愈演愈烈。媒体使用已转向视频，YouTube已替代主流媒体。因此，我投入了更多的时间来思考和之前出版的英文版之间的连续性和差异性。正如黑格尔在《法哲学》中所说，"密涅瓦的猫头鹰只有在夜幕降临的时候才会飞翔"。

随着2017年以来在韩国社会和媒体发生的变化在韩国现代历史和媒体发展的大背景下逐渐显现，我认为韩文版的出版不能再拖延了。同时，我还添加了英文原著中没有的部分，将目标读者从世界各地变为韩国读者，添加了很多新的章节以至于完全像写一本新书一样。起初，我以为韩版的出版时间推迟了会不好，但后来我想这倒给了我更多的时间去完善它。

本书从三个方向探讨了韩国媒体的发展以及动荡的韩国社会。首先，聚焦过去40年改变韩国社会和媒体的四个因素：工业化、民主化、信息化和全球化。这四个因素创造了世界上前所未有的韩国媒体模式：通过相互竞争和妥协，用户主权随着行业的成长而扩大。其次，我希望通过"媒体治理"的框架来观察媒体的变化，它涉及媒体生态系统是如何创建的。韩国从过去以政府主导市场主体逐渐变成与市民之间的互动而创建了新的媒体部门，从而扩大了媒体治理的广度和深度。第三，媒体领域呈现出一条螺旋上升的轨迹，不断前后反复，有进步也有倒退，但作为一个整体，从原始落后的信息时代到数字化进一步与ICT融合，媒体行业经历了基本范式的转变。

当前，韩国媒体正在尝试各种创新努力，以应对第四次工业革命的历史性变革。换言之，工业化、民主化、信息化和全球化被视为韩国社会和媒体成长和成熟的驱动力。作为媒体行为的主体，政府、市场和市民之间交互的复杂网络成为媒体发展的主线，现在媒体也正在经历第四次工业革命。

工业化是造就今天韩国社会的关键因素。1970年代以来，韩国实现了以工业现代化发展为国家战略的经济发展。其结果是韩国人的生活比以前更加富足了。通过经济发展，中产阶级壮大，人们的教育和文化水平得到提高，这使人们能够广泛接受自由民主价值观并增加政治参与。韩国不仅经历了工业化，也催生了民主化。在这里，信息化作为代表韩国的品牌发挥了重要作用。凭借以高速互联网和移动通信为基础的各种服务业和文化产业，韩国在全球信息化进程中始终处于领先地位。作为创新经济和创新社会的典范,韩国一直是备受世界关注的话题。此外,韩国积极参与全球化,接受自身缺少的东西,并向全球传播和弘扬韩国自身的价值。韩国顺应了世界自由民主的主流趋势,实现经济增长,成长为民主社会。阿西莫格鲁(Acemoglu)和罗宾逊(Robinson)在他们的《为什么国家会失败》一书中详尽分析了为什么韩国和朝鲜之间的差异如此明显。韩国在短时间内就发展成了自由民主、市场经济和包容性制度的发达国家。他们的分析在世界范围内被广泛接受。

不过就在40年前,那时的韩国媒体还没有在民主社会中扮演监督者的角色,行业规模也不大。然而,随着经济增长和社会民主化,媒体也开始发生了重大的变化,全球化和信息通信技术的发展对媒体产生了直接影响。此外,随着韩国国家战略向信息社会推进的方向发展,媒体的内容和范围也大大得到扩展。

韩国媒体行业的规模以惊人的速度增长,参与媒体领域的运营商和人力数量显著增加。媒体变得更加多元化,媒体所涵盖的领域也变得非常多样化。此外,它已经从报纸和广播等传统媒体扩展到互联网和移动端的新媒体。媒体的影响力也越来越大。媒体在韩国社会的民主化进程中发挥了重要作用。媒体通过监督和引发社会讨论对政治和社会施加影响。媒体的数字化极大地增加了市民对媒体的使用和参与。韩国在积极使用和参与数字媒体方面领先于世界任何其他国家。当市民认为现有媒体没有传达真相并对其进行歪曲时,他们也能知道如何广泛寻找和使用信息替代媒体。与社交网络服务(SNS)不同,韩国知道如何通过利用信息化利用尖端技术来实现民主。韩国在数字化指数的调查中始终走在世界前列。因此,在媒体领域,政府、市场、民众等各种利益相关者都在参与，并形成了一个生态系统。在过去的40年里，韩国媒体部门的广度和深度都得到了不断延展。

然而，发展并非一帆风顺。随着右翼政府和左翼政府的交替上台执政，媒体行业也步履蹒跚。负责媒体的政府部门之间经常发生冲突。政府部门之间的矛盾延缓了媒体的数字化进程，甚至改变了媒体的性质。参与媒体行业的公司主体也发生了显著变化。除了传统媒体公司，互联网公司和电信公司，甚至其他完全不同领域的公司都进入了媒体领域。现在，即使是普通人，也可以进入媒体领域或创办自媒体。市民社会的兴起对媒体产生了巨大影响，它起到了平衡传媒产业化和公共性的作用，甚至起到通过过度干预超越市民社会的作用。

这本书综合了上述观点，讲述了过去40年韩国媒体治理的变化。这本书不是关于媒体历史的书。它专注于媒体治理的重大变化并跟踪流程。媒体治理是自2000年以来出现并在媒体学术界使用的一个术语。学术界已经使用"媒体治理"来解释媒体领域新的系统性变化。[1] 媒体治理是一个很好的概念框架，特别是在强调市民参与或全球化的影响时。因此，媒体治理分析法是解释韩国媒体变化的有用框架。

这本书的意义在于回顾了韩国过去40年的媒体治理，以及对我自己在媒体领域的活动进行了总结。巧合的是，我从1980年开始进行媒体研究，这正是韩国现代史上的转折点之一。我在这个领域工作了40年。在媒体和ICT显著发展并为韩国发展作出贡献的动态时期，我很幸运能够在这个领域的各种职位上工作、研究和服务。在这方面，如果没有我在媒体和ICT领域结识的无数人，这本书是不可能完成的，

---

[1] Puppis, M. (2010). "媒体治理：媒体政策和监管分析的新概念"，《传播、文化和批评》，Vol.3, 134–149.

因此这本书献给所有相关人士。

  在过去的 40 年里，我与国内外许多人一起学习和工作。首尔国立大学的朴明振名誉教授和已故的李相熙教授，他们从我本科开始就以导师的身份指导我。英国伯明翰大学已故的迈克尔·格林教授带领我走进欧盟，给了我国际视野。美国哥伦比亚大学的埃利·诺姆教授和日本早稻田大学的中村清教授与我交往超过 15 年，他们都是媒体和 ICT 领域的世界级专家。在韩国，我也得到了我工作的韩国广播电视委员会、信息和通信政策研究所、SBS、KT、韩国广播广告振兴院和韩国互联网安全局等前辈和后辈的很多帮助。作为国家经济咨询委员会的一员，我带着对国民经济发展负责的使命感从宏观角度对传媒产业治理进行了有益的分析和建议。此外，我还得到了与媒体有直接或间接关系的各级政府部门，以及学会、委员会、公共机构、公司、协会、研究所和论坛等组织的工作人员、前后辈、公司高管和员工的大力支持。我很抱歉无法说出所有帮助过我的人的名字，但我非常感谢他们的付出。所有给予我洞察、启发、鼓励和支持的人，我发自内心地感谢。

金大浩
2020 年 2 月

目　录

01　引言：讨论传媒治理 / 1
　我们为什么需要治理？ / 2
　传媒治理 / 6
　本书的结构 / 11

02　1980年以后的韩国社会 / 17

03　传媒的波动 / 27
　威权政府控制媒体 / 29
　新闻传媒的整合与《舆论基本法》 / 30
　媒体公共机关的扩张 / 33
　传媒行业的成长 / 36
　市民社会的兴起 / 39

04　扩大传媒自治 / 43
　引入竞争政策 / 44
　媒体公司的崛起 / 47
　成立媒体工会 / 50

1

市民社会的形成 / 52
传媒行业的全球化 / 55

05　传媒产业化发展 / 55
广电系统研究委员会呼唤市场价值 / 57
私营媒体运营商的扩张 / 60
迅速发展的市民社会 / 66
媒体融合的世界趋势 / 71

06　信息化与新媒体 / 71
韩国的信息化建设与有线电视的创新 / 74
媒体运营商的多元化发展 / 80
来自社会大众的批评 / 85

07　公益性与市场性的再平衡 / 89
各国对传媒监管的改革 / 89
韩国政府的媒体改革 / 92
媒体的扩张 / 97
市民社会的主导作用 / 107

08　数字传媒的推广 / 113
世界各国媒体的数字化 / 115
韩国政府推广数字广播电视带来的矛盾 / 119
电信运营商进入媒体行业导致竞争白热化 / 126

DMB 和 IPTV 悲喜交加的命运 / 130
媒体融合下民间社会要求强化媒体的公共服务 / 133

09 韩国广播电视通信委员会的成立 / 137
监管规制相关的世界性浪潮 / 138
韩国政府内部的冲突和延误 / 141
市场的复杂反应 / 146
民间社会的干预 / 147

10 修订《传媒法》和传媒合营管理 / 151
世界各国的传媒合营趋势 / 151
振兴韩国传媒产业，确保媒体多元化 / 153
综合编成频道的影响 / 156
民间社会对竞争的分歧 / 161

11 互联网治理 / 165
世界互联网治理的发展 / 167
政府角色的争议 / 169
互联网媒体运营商 / 171
民间社会的参与 / 174
互联网治理的影响 / 176

12 从传媒到 ICT / 179
世界各国横向监管体系 / 180

韩国对横向监管体系的探索 / 184
市场与市民社会的混乱 / 189
不确定的世界 / 193

13　历史的倒退 / 193
政府对传媒的控制 / 194
传统媒体的衰落与新媒体的替代 / 198
YouTube 的影响力 / 202
工会组织的影响 / 205
民间社会的冲突 / 207

14　结语：综合传媒治理 / 211
工业化、民主化、信息化、全球化 / 211
政府、市场、市民 / 217
传媒治理的经验教训 / 225

参考文献 / 229

01 引言：讨论传媒治理

随着 ICT（信息通信技术）的发展，从媒体生态系统到媒体的格式、内容和使用，一切都在发生变化。媒体传统上是报纸、广播、杂志、书籍等，但现在正在转向互联网和移动互联网。媒体随着工业革命的发展而进化。1760 年代的第一次工业革命带来了以煤炭和蒸汽机为中心的大规模生产时代。印刷与报纸的出现相结合，开启了大众传媒时代。1860 年代的第二次工业革命发生，以电力和石油为能源的工业发生了革命性的变化，我们进入到了广播等电子媒体时代。1990 年代互联网的出现，再次迅速而新颖地改变了媒体领域。到 2020 年，YouTube 等在线视频已成为媒体的中心。通过这些变化，媒体在传播多样化和塑造社会议程方面发挥着重要作用。由于这种社会影响，媒体与其他行业不同，除了经济监管以外，还需要社会监管，并受到规范性和政治因素的影响。

随着媒体行业参与者数量的增加以及传媒产业化和全球化，迫切需要产生一个新的媒体监管和政策决策框架。由于政府制定的相关法律法规比例有所下降，一方面，自我监管和共同监管变得重要，另一方面，非政府行为者的影响力有所增加。在这种情况下，想要重新审视媒体治理的观点就出现了。[①]

最近出现了关于媒体治理的新讨论，并且正在以各种方式进行。在处理媒体变革时，治理视角被视为强调自治、增强市民参与或了解全球网络等在非正式决策过程中影响的好方法。[②] 媒体的影响以及媒体的全球化已经超越了一个国家的范围，这一事实证明了需要用治理的视角来重新理解媒体。我们通过 YouTube 和 Netflix 向世界传播韩国的内容和视频，同时也以这种方式使用来自其他国家的内容。通过这个全球平台，我们的艺人受到了全世界的关注，全球化已经成为讨论媒体治理的一个越来越重要的概念。此外，随着 ICT 的发展及其对媒体的影响逐步增加，治理视角也变得更加有用起来。ICT 创造了一个连接人类与人类、人类与物体、物体与物体的超链接时代。随着 4G 和 5G 移动通信的发展，媒体使用已向移动化、智能化进化并将两者结合。现在区块链也得到了应用，人工智能也被用于推荐视频、音乐、信息，甚至是创意阶段。因此，治理理论是检验媒体变化的一种非常合适的方法。

我们为什么需要治理？

治理出现在各种学术角度，以多种方式解释社会现象。治理结构

[①] McQuail, D. (2007), "简介：欧洲媒体治理的现状"。摘录自 G. Terzis 编辑的《欧洲媒体治理：国家和地区维度》，Bristol: Intellect。

[②] Bardoel, J., & d'Haenens, L. (2004), "媒体与民众相遇：超越市场机制和政府法规"，《欧洲传播杂志》，19(2), 165-194。汉斯－布雷多研究所 (HBI) 和欧洲传媒法研究所（EMR）（2006）。《媒体部门共同监管措施研究的最终报告》。2016 年 3 月 24 日检索自 http://ec.europa.eu/avpolicy/docs/library/studies/coregul/finalrepen.pdf。

关注政府、市场和市民社会的主体行为者之间的关系，这里因为以政府为中心的协调社会各种利益的方法是有其局限性的。治理模式根据这些行为者的影响程度也会发生变化。

因此，有必要审视与解释治理的立场。在描述公共政策领域时，治理侧重于政府角色的转变，并将其视为一种负责任的管理体系。在现代社会，随着传统的行政范式被打破，包括对公共部门的责任感和信任度下降到达了极限。由于国家职能的全球化、本土化和私有化等变化，出现了国家空心化现象，需要新的概念来解释这些变化。公共部门市场机制的引入和全球化的影响降低了政府的权威，更凸显了治理的重要性，政府的角色和价值观也需要随之改变。①

治理在这里可以被视为一种包含多个利益相关者的政治形式。一个包含公共部门和私营部门的综合元理论，民主乐观主义的衰落，对公共部门的信任度下降，以及在形成舆论和公共话语的过程中出现的种种问题，都需要治理。特别是由于国际组织和国际协定是在一个国家之外制定的，因此在处理国际关系和政治以及寻求适当的全球治理以解决国际问题时，它也是一个有用的解释框架。自1980年代以来，世界银行（World Bank）一直试图在不发达国家传播对所谓"善治"必要性的认识。这是一项运用善政促进不发达国家发展的计划。经合组织（OECD）还致力于促进可靠性、问责制、效率和透明度等优秀治理的评价原则，并希望将其推广。②

另一方面，也有人认为治理是政府对市场的一种自主高效的协调机制。在制度经济学中，治理的概念被用来描述降低交易成本的制度

---

① Pierre, J. & Peters, B. G. (2000),《治理、政治和国家》，伦敦：Macmillan。
② Bevir, M. (2009),《治理中的关键概念》，洛杉矶：Sage。

规则。它已被扩展并用作公司治理的概念，聚焦于公司所有者、股东和管理层之间的关系，并解决他们如何协调管理分配的权责问题。结合组织理论，强调柔性管理，注重组织内部的经营管理。[1]

治理也类似于社团主义（corporatism）。社团主义是指地区、宗教、民族、阶级等社区之间通过妥协、协商和协议，在相互承认和权力制衡中的社会运作。每个部门，如政党、议会或市场，都力求实现相关子单位之间的平衡，这是社团主义的特点。

最近关于治理的讨论愈演愈烈的原因，与公共部门的信任度下降密切相关。随着私营部门的规模超过政府并且已成为一个重要的替代方案，这意味着必须彻底重建现有政府运作的框架。

因此，在1990年代，政策和监管的改革被认为是从政府治理到社会治理的转变。"从政府到治理（From Government To Governance）""没有政府的治理（Governance Without Government）"[2]等概念被广泛地使用。换句话说，他们需要一个新的视角和思维转变，超越传统的政府角色。呼吁进行诸如激活市民参与决策过程、避免重复工作、精简预算和响应服务需求等变革。现在，社会问题越来越复杂，知识和权力越来越分散，社会各阶层的自主权增加，政府必须改变，因此需要"新治理"。

在这种情况下，新治理提出了市民社会参与政治体系不同层面决策的必要性——积极接受和利用市民社会、社会运动和积极市民的参与和协商过程。[3]

---

[1] Puppis, M. (2010)。
[2] Pierre, J. & Peters, B. G. (2000)。
[3] Bevir, M. (2009). 2.

在治理中，利益相关者之间的平等关系，即横向关系，是相对于纵向层次结构的关键要素。然而，虽然横向网络意味着所有参与者都平等参与，但实际上，所有参与者很难在平等的基础上进行互动。此外，网络内组织之间的相互依赖并不意味着所有参与者都处于平等地位。

在这里，重要的是要建立一种机制，使社会中的各种行为者之间能够进行良好的互动。互动治理反映了随着复杂社会问题的增加，更迫切需要协调成员之间的互动与合作的情况。这可以理解为基于共同目标的网络概念。[1] 互动视角是指各部门之间通过合作与交流来解决社会问题。这包括认为市民社会和政府的作用在公共决策中起到特别重要的作用的观点。因此，政府与市民社会的互动也是政府（government）在治理（governance）的体现。[2]

以这种方式来看待治理理念可以看出，相关利益相关者的互动是关键。如果不预设社会各部门之间的互动，治理的意义就会被淡化，成为一个模糊的概念。然而，互动并不意味着无政府主义。如果只强调各个利益相关者之间的互动，那么主体很可能会处于混乱状态。这是因为，如果政府在没有适当干预的情况下试图解决社会问题，很可能会出现治理失败。因此，即使不是传统模式的集中协调与干预，政府仍然是解决社会问题的最后手段。

政府为了通过网络提供公共服务或解决公共问题，第一要采取适当的措施，使各合作伙伴能够共享一个目标；第二是对各合作伙伴进行适当的监督；第三是保持合作伙伴之间的顺畅沟通；第四是协调（coordinate）各合作伙伴的活动；第五是保持伙伴之间竞争与合作的

---

[1] Kooiman, J. (2003),《治理即治理（Governing as governance）》，伦敦：Sage。
[2] Newman, J. (2001),《治理现代化：新的劳动力、政策和社会》，伦敦：Sage。

平衡；第六是努力弥补个别合作伙伴信息和能力的不足；第七是要具备有效管理网络的能力。①

运行管理社会横向参与式治理与社会发展与民主传播息息相关。随着社会的发展，市场和市民以及政府是共同发展的。因此，这些参与者之间的协调与合作变得非常重要。如果它们之间的协调失败，或者如果一个实体行使垄断权力，社会就会倒退，一场民主危机就会来临。社会越发达，利益相关者的合作治理就越发重要，这就是为什么我们需要讨论治理。

传媒治理

当治理应用于媒体领域时，可以在更广泛的社会系统中看待媒体。媒体治理的概念为不同利益相关者关系中构成媒体系统的各种规则提供了新的视角。

媒体政策、法规和机构的治理视角与监管改革密切相关。媒体监管正受到快速发生变化的媒体的挑战。社会文化生活和经济的趋同化、商业化和全球化要求"以不同的方式进行社会管理"。因此，传统的法律规制不足，需要新形式的媒体规制。②有必要从治理的角度重新审视媒体系统。

其实，治理不仅仅意味着监管的形式，而是侧重于"协调整体"。治理可被视为一个整体系统，它涵盖了对社会成员的所有规范，从民

---

① Goldsmith, S., & Eggers, W. (2004),《网络治理：公共部门的新形态》，布鲁金斯学会出版社。
② McQuail, D. (2007). 9。

间社会的自我监管到传统的政府监管。这可以理解为在不同层次、不同方式上发生的公共与私人领域治理方式的融合。

但是，若将治理应用于媒体领域的话，就会有一些特殊的考虑。媒体系统是媒体市场、技术和政治决策融合的结果。媒体行业是一个受高度监管的行业。不管是媒体公司的所有权还是其销售渠道，以及内容等都被严密的监管网络所包围着。增加市场和市民参与并不能消除传统的法律界定。因此，传统的"指挥与管控"（command and control）能力需要治理能力来辅助。在媒体领域，政府越来越被要求扮演协调的新角色。[①]在韩国，政府负责监管的部门这一变化体现为从公报处变更为文化体育观光部、韩国广播电视委员会、韩国广播电视通信委员会、未来创造科学部这样一个角色变动的过程。

为了重新审视媒体治理，则必须了解媒体部门的整体监管的必要性。在对治理的理解中，弗里德曼强调媒体治理比合法的媒体监管更宽泛。[②]媒体治理包括所有正式/非正式、国内或国际、中央或分散的媒体系统，这些是媒体机制的总和。Hamelink 和 Nordenstreng 解释说，媒体治理是"影响或促进媒体表现的行为、规则和机制框架"[③]。McQuail 还将媒体治理的定义描述为各种形式的管理以及媒体内部责任，媒体与社会之间的制度化关系等。[④]

参与媒体治理的主要主体是政府和媒体公司。政府和企业既有冲突，也有伙伴关系。在法律法规面前，政府成为法规的执行者，企业

[①] Pierre, J. & Peters, B. G. (2000). 2。
[②] Freedman, D. (2008)，《媒体政策的政治》，剑桥政治出版社。
[③] Hamelink, C. J. & Nordenstreng, K. (2007)，"迈向民主媒体治理"。摘录自 E, De Bens 编辑的《文化与商业之间的媒体》，Bristol: Intellect。
[④] McQuail, D. (2007)。

则成为监管目标。立法监管是影响行业发展和社会各种行为的国家行为。也就是说，它包括基本的控制命令、经济支持和信息供应的控制。

然而，随着媒体市场和公司的发展，这些私营部门直接参与媒体政策和法规的制定程度也在增加。媒体公司追求规模经济，并通过融合向媒体集团转变。媒体公司在媒体生态系统中的份额有所增加。随着它们的自主权增加，自我调节的领域也逐渐增加。媒体公司引入了内部指导方针或守则，并成立和运营投诉处理机构、监察员或各种委员会。在某些情况下，政府与媒体公司一起参与某些监管。由于媒体属于言论自由的领域，独立性是一个非常重要的价值。因此，媒体有着不应受政府影响的强烈立场。这就是为什么自律和共律的比例逐渐增加的原因。

同时，市民参与和市民社会的出现是最近才出现的现象。市民社会是指在不受国家控制的社区中由自治的个人或团体开展的市民活动的总和。市民社会在民主社会中的作用非常重要。判断一个国家实行民主程度的标准之一就是它是否是市民社会，以及市民社会的自发性。

然而，市民社会在信息和政策能力方面显然落后于政府和企业。政策的制定和实施方面也必然会有所不同。民间社会的实际作用是有限的。然而，随着计算机的普及和互联网的普及，市民的信息获取能力显著提高，市民社会在全世界都建立了联系能力，这也自然而然地支持了市民社会的发展。

在全球层面，自20世纪90年代以来，以联合国为中心的民间社会参与不断扩大。联合国邀请民间社会参加讨论全球问题，以便他们发表意见。特别是1992年在巴西里约热内卢举行的UNCED地球峰会上，民间社团与私人组织也参与进来并被誉为"在与政府共同提出具体建议方面发挥了重要作用"[①]。1998 年，联合国秘书长科菲·安南在联合国大会上评价说，市民社会的参与现在正成为判断会议成功与否的重要标准。[②] 世界信息社会峰会（WSIS）形成了政府、市民社会和市场三元一体的结构。WSIS 创建了互联网治理论坛（IGF）讨论许多新政策。政府、私营公司、民间社会、国际组织和专家组平等地参与了互联网治理论坛。这些利益相关者聚集在互联网治理论坛的讨论正在接受各种评估与关注。[③] 民间社会发挥着越来越重要的作用，特别是在人权、性别平等、自由、开源软件和版权等问题上。市民社会的作用体现在政府或市场无法做到的领域。

民间社会扩大了在媒体领域的活动。培养媒体素养教育就是典型的例子。此外，还建立了各种制度，通过投诉处理制度和对用户的反举报请求来保护用户的权益。

这样，媒体治理框架不仅限于法律法规或政策决定，而是提供了构成媒体系统的各机构间的综合视角图。它为查看利益相关者的网络、私人和公共领域之间模糊的边界以及不同政治维度之间的关系提供了一个系统框架。特别是通过利益相关者之间的互动，也可以看到系统在跟着发生变化。

此外，治理概念在理论上是开放的。治理可以在多种理论背景下使用，而不是仅仅依赖于一种理论。作为一个分析框架，媒体治理为

[①] O'siochru, S. (2004)，"民间社会参与 WSIS 进程：承诺与现实"，《连续体：媒体与文化研究杂志》，18(3)，330–344。
[②] 联合国（1998），《关于非政府组织参与联合国的系统》，报告 A–53/170.
[③] Kersbergen, K. V., & Waarden, F. V. (2004)，"治理作为学科之间的桥梁：关于治理转变和治理能力、问责制和合法性问题的跨学科启发"，《欧洲政治研究杂志》，43(2)，143–171。

讨论、解释和批评媒体政策和法规提供了一个丰富的平台。

不少专家提出了媒体领域适合的各种媒体治理要素。Napoli 将媒体内容、媒体市场的结构要素和基础设施作为其组成部分。[①]McQuayle 分别讨论了结构、行为和绩效监管。[②]Puppis 区分组织、所有权、财务、传输、过程和内容。[③]

在本书中，笔者综合了这些讨论并重新理清了三个利益相关者之间的互动：政府、市场和市民三者推动了媒体系统。本书重点关注媒体市场、基础设施和价值观。此外，作为自 1980 年以来韩国社会变化的见证人，笔者在本书中以工业化、民主化、信息化和全球化等四个因素之间的互动作为关键轴构成本书的逻辑框架。示意图如图 1-1 所示。

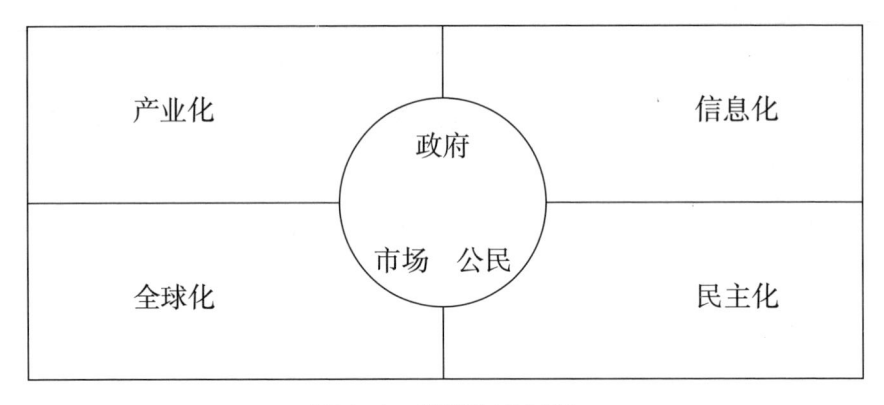

图 1-1 传媒治理框架

---

① Napoli, P. M. (2008)，"媒体政策"，摘录自 W. Donsbach 编辑的《国际通讯百科全书》，牛津：Blackwell。
② McQuail, D. (2005)，《大众传播理论（第 5 版）》，伦敦：Sage。
③ Puppis, M. (2010)，伦敦：Sage。

本书的结构

本书共十四章。

第一章"引言",试图讨论什么是治理并从理论上解释媒体治理。

第二章"1980年以后的韩国社会",简要说明了1980年后的韩国社会作为工业化、民主化、信息化和全球化的因素。在漫长的历史中,韩国从一个世界边缘的封闭国家、贫穷落后的国家成长为世界前10强的国家。韩国于1996年加入经合组织,自2008年以来一直作为G20的成员国积极参与世界顶级会议。2016年和2017年,韩国在国际协会联盟(UIA)发布的国际会议主办国排名中名列榜首。同时在2015年和2016年国际电信联盟(ITU)信息和通信(ICT)发展指数中也位列第一。韩国的R&D经费在世界上排名第五,在R&D经费占GDP的比重方面位居世界第一。

第三章"传媒的波动",涉及军政府控制媒体时期的媒体治理,例如1980年的舆论媒体整合与《舆论基本法》颁布。新自由主义在全球蔓延中出现的韩国右翼军政权,他们利用政府的施压下对媒体生态系统进行了重组和领导,颁布了《舆论基本法》,并通过媒体整合和新闻指南实施控制。

第四章"扩大传媒自治",涉及自1987年民主化运动以来发生变化的媒体治理。政府引入了自治和竞争。随着经济的增长,媒体部门开始扩张。媒体中成立了工会,民间社会开始影响媒体部门。

第五章"传媒产业化发展",讨论了1990年代的变化,当时市场份额增加,媒体开始被视为一个产业。1990年代世界传媒产业迅速发展,出现了有线电视和卫星广播等新的电子媒体。政府以市场为导向的媒体政策使得商业媒体公司应运而生，并创造了竞争环境。培育独立制作产业和向海外出口电视节目创造了一种新的文化现象，称为"韩流"。韩流历史上第一次出现向世界介绍韩国文化、确立韩国文化在世界地位的契机。这也使得各类专家和利益集团参与到媒体决策与规划体制改革中去。

第六章"信息化与新媒体"，讨论了信息化开始影响媒体时期的媒体治理。1990年代世界为推进信息化、实现媒体融合做出了各种努力。为顺应这一全球趋势，政府也将信息化政策作为国家战略。从1995年的《信息化促进框架法》开始，韩国制定了一系列国家信息化政策，以促进国家信息化，奠定信息通信产业的基础。有线电视就是按照这个国家计划开办的。然而，政府负责广播和通信的部门之间仍处于分离状态的冲突，扰乱了新媒体的推广方式。市场价值与公共价值发生了冲突。然而，随着有线电视的推出，媒体领域得以实现跨越式发展。新媒体的出现，给了人们更多的选择余地。媒体企业数量大幅增加，大型企业首次进入媒体行业。传媒业发展更多元化、丰富化。在21世纪，电子媒体环境发生了更加巨大的变化。新的监管改革也在全球范围内推出。美国对《1996年电信法》的修订和英国2003年《通信法》的颁布，都值得成为媒体史上的一个转折点。欧盟建议欧盟成员国对所有电信网络和电信服务采用单一监管体系。这表明，不管所提供的服务如何，都已经开始使用融合电子通信网络的概念，而不区分媒体和通信。

第七章"公益性与市场性的再平衡"，讨论了2000年代媒体治理的变化，表明公共利益与市场之间的重新平衡，再次强调了政府干预的增加与宣传。1998年首次出现在韩国历史上的左翼政府，力求促进媒体宣传，提高市民的理解力和视野。左翼积极分子推进群众路线，进入政治、媒体、教育、市民社会，思想色彩开始显露。随着互联网的普及，包括工会和专业媒体组织在内的民间社会越来越多地参与媒体决策过程。媒体访问权和媒体素养被制度化。韩国政府于2000年颁布了《广播电视法》，并于2005年颁布了《报纸法》，以寻求公共绩效和市场的再平衡。此外，互联网媒体作为替代媒体出现，并得到了政府的支持，影响力也越来越大。

第八章"数字传媒的推广"，讨论了由于2000年代数字媒体的推广而导致的治理变化。移动互联网使得媒体数字化转型与媒体融合在世界范围内得到积极地发展。美国和欧盟制定了不同的数字广播标准并相互竞争。政府把推进数字电视作为重要的国家战略，推进多媒体和多频道服务政策，积极推动电信运营商提供广播服务。正是在这样的背景下，世界第一家移动电视媒体问世，电信运营商通过IPTV进入媒体行业，积极推动媒体融合。另一方面，民间社会对竞争激烈的媒体环境表示担忧，并继续倡导媒体的公共性。

第九章"韩国广播电视通信委员会的成立"，介绍了2008年政府通过将负责广播电视与负责电信的部门整合以应对广播和电信融合的治理。2000年代，报纸、广播电视、电信和互联网的融合引发了关于媒体融合监管框架和监管机构改革的积极讨论。美国FCC和英国OFCOM模型成为学习对象。这是因为这两个监管机构在促进媒体融合的同时又保证了媒体的独立性。经过10年的长期讨论，韩国政府于2008年成立了韩国广播电视通信委员会，将信息通信部和韩国广播电视委员会合并。韩国广播电视通信委员会推动了放宽广播电视和电信部门的监管，以增强竞争力和振兴产业融合。

第十章"修订《传媒法》和传媒合营管理",反映了围绕修订传媒法以允许报纸和广播公司同时运行的治理变化。随着媒体融合的推进,媒体公司的并购增加,媒体集团扩大了在全球媒体市场的市场份额。右翼政府试图通过对媒体所有权放松管制来振兴传媒产业,强调需要对内容产业进行新的投资、未来增长新引擎,并培育全球影响力的媒体集团。经过大量辩论,政府修改了《传媒法》,允许报纸和广播公司发展成为媒体集团。反对党和民间社会以可能垄断舆论为由反对,引发了巨大的社会争议。作为妥协,政府成立了媒体多元化委员会,以确保舆论的多元化,并提出规范媒体多元化的措施。结果是允许报业媒体运营电视节目频道,这是韩国综合编成频道的模式。该报纸媒体有机会成长为一个媒体集团。但反对派强烈反对纸面媒体设立综合编成节目频道,认为综合编成节目频道将起到支持右翼政府的作用。反对党政客甚至决定不出现在这些电视节目频道上。然而,这一政策很快就被推翻了。不过十分具有讽刺意味的是,综合节目频道在推翻右翼政府方面却发挥了重要作用。

第十一章"互联网治理",涉及互联网治理。反映了互联网已经达到了彻底改变媒体的水平,互联网媒体开始超越传统媒体。特别是作为互联网治理的主要特征的利益相关者参与模型,对多利益相关者模型对媒体的影响进行了研究。

第十二章"从传媒到ICT",讨论了面向未来的治理。将媒体治理的视角扩展到ICT治理。特别是对作为ICT治理方法提出的横向治理模型并进行推广。然而,民间社会和现有媒体部门的工作人员表示担心,如果媒体完全融入ICT治理,公共性价值将会丧失。因此,很难就ICT治理模式达成共识。政府试图通过重组政府部门的方式来适应,但结果还是操之过急。

第十三章"历史的倒退",讲述了2017年再次上台的左翼政府对控制媒体旧治理模式的回归。他们实施了一系列接管公共广播的计划。媒体公司设立了"真相与未来委员会"(KBS)、"规范化委员会"(MBC)、"创新委员会"(韩联社)等各种机构,以驱逐与政府不同政见的记者。KBS、MBC、YTN、韩联社社长和董事等高管被亲政府的人物取代,并开始播出亲政府的节目。然而,在此过程中市民开始寻找替代的媒体,包括YouTube在内的社交媒体成为替代媒体。值得一提的是,韩国拥有世界上最高水平的信息化,YouTube等自媒体成为市民传达不同意见的媒介。这说明市民的水平已经成熟到可以超越政府的媒体控制。这才是媒体治理变革的真正价值和成就。

第十四章"结语",总结并讨论了1980年至2020年四十年间媒体治理的变化。本章专注于工业化、民主化、信息化和全球化如何改变媒体治理,并分析了导致媒体增长、媒体独立和媒体对社会的贡献。在媒体领域,解释了政府、市场和市民作为利益相关者通过合作和冲突进行的互动。

在本书里也指出了市民社会的偏见所带来的问题,并提出了市民社会平衡的必要性。而韩国的媒体治理可以看作是在互联网治理的背景下,创建基于利益相关者模型的新治理模式,这是数字时代所需的媒体治理路径。本书将媒体治理的流程串联起来,按更替顺序而不是历史发生顺序来审视媒体时代,因为媒体治理的变迁才是本书的核心话题。在这个过程中,媒体成长、衰退、危机来袭,最终强调,市场和市民有能力在克服这些危机中发挥决定性作用。

02　1980年以后的韩国社会

在过去的100年里，朝鲜半岛经历了巨大的变化。它在现代化进程中落后，1910年沦为日本殖民地。1945年日本在"二战"中投降后，朝鲜半岛获得解放。1948年，美苏冷战的爆发导致朝鲜半岛分裂。韩国选择了资本主义的道路，朝鲜选择了社会主义的道路。1950年，开始了朝鲜战争，整个国家都被摧毁了。1953年的停战协议虽然使这个国家暂时摆脱战争，但它并没有摆脱贫困。1953年，韩国的人均国民总收入仅为67美元。韩国当时的产业结构是典型的不发达国家之一，农林渔业占到48.2%。[1]

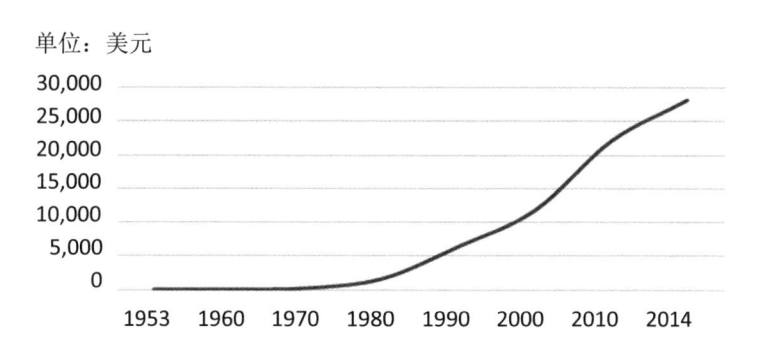

图 2-1　韩国人均 GNI 增加趋势

出处：韩国统计厅（2016），《通过统计数字看解放70周年韩国社会变迁》；韩国银行《国民账户》，ECOS（ecos.bok.or.kr）。

---

[1]　韩国统计厅（2016），《通过统计数字看解放70周年韩国社会变迁》。

1960年代以后，韩国社会开始推行经济发展政策。在接下来的六十年里，韩国社会以惊人的速度发展。韩国在经济增长的基础上也伴随着政治民主化与社会发展。"二战"以后韩国引入了市场经济和自由民主，成功建立了发展的典范。韩国政府的产业政策取得了成功，使韩国产业的国际竞争力得到了提高，1990年代后通过开放政策发展成为拥有世界级产业基础的外贸国家。

1980年代是韩国社会的分水岭。1980年代以来韩国社会的动态变化发展，经历了历史上最重要的时期。1987年以后民主真正地建立起来了。人民直接选举总统，市民社会活跃起来，地方自治制度也建立了起来。

1986年至1996年，韩国经济年均增长率为8.7%，实现了经济的高速增长。特别是韩国成功地完成了工业化，形成了以钢铁、化工、汽车和造船等工业为中心的产业。跨国公司出现在这些领域，并配备了世界领先的技术，创造了成功的工业经济。[1]1990年代后期，信息化引领了知识经济。信息化革命的推进成为引领韩国进入世界最先进数字经济社会的动力。

1997年韩国发生了金融危机。这让人们普遍认识到韩国经济与全球经济已经深度融合并受到全球化很大的冲击。一方面，以出口为导向的经济增加了国民财富和个人收入，但另一方面，这也表明韩国在面对全球经济危机的冲击时是多么脆弱。

---

[1] Acemoglu, D.& Robinson, J. (2012),《国家为什么会失败：权力、繁荣和贫穷的起源》,Crown Business。

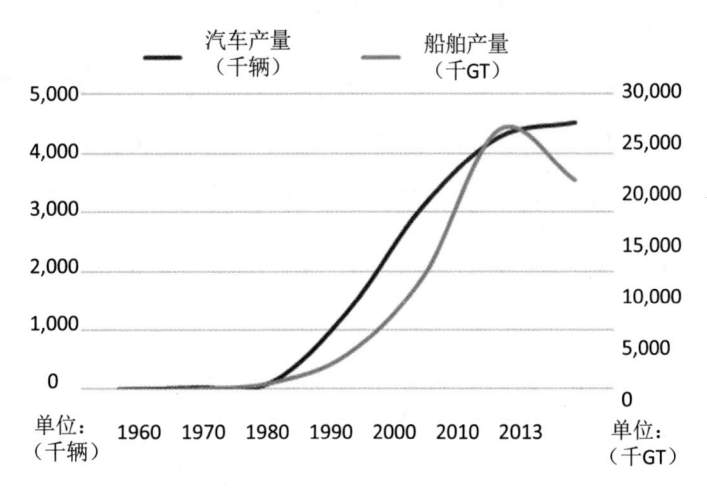

图 2-2　韩国产业产量的增加（1960—2013）

出处：韩国汽车产量：韩国汽车产业协会；e 国家指标（www.index.go.kr）；统计厅（1998），《通过统计数字看韩国 50 年社会变迁》。

自 1980 年代以来，韩国社会逐渐在融入全球社会。随着中国经济的增长，韩国企业出口大幅增长，对华合作进一步加强。

中国的快速发展对韩国社会产生了巨大影响。中国与美国一样，不仅在经济上具有重要地位，在朝鲜半岛统一等问题上也具有重要地位。

另一方面，韩国社会的人口老龄化和低出生率已经变得很严重。韩国于 2017 年进入老龄化社会，预计 2026 年进入超老龄化社会。

表 2-1　韩国经济的变化

内容区分	产业经济	知识经济
时期	1970—1980 年代	1990—2000 年代
生长范式	产业化	信息化
生产要素	劳动力，资本	知识，信息

续表

内容区分	产业经济	知识经济
主力产业	重化工业	ICT及数字产业
成功神话	造船、钢铁、汽车	半导体、信息通讯

1980年以来，韩国社会通过工业化、民主化、信息化和全球化，取得了不同于以往的质的飞跃。推进工业化发展是韩国选择和执行优秀国家战略的结果。这是继1962年开始的经济发展计划和1990年代开放政策之后的工业化政策的结果。1962年至1986年共实施五轮经济发展的五年计划，成功实现了以重工业为核心的工业化。

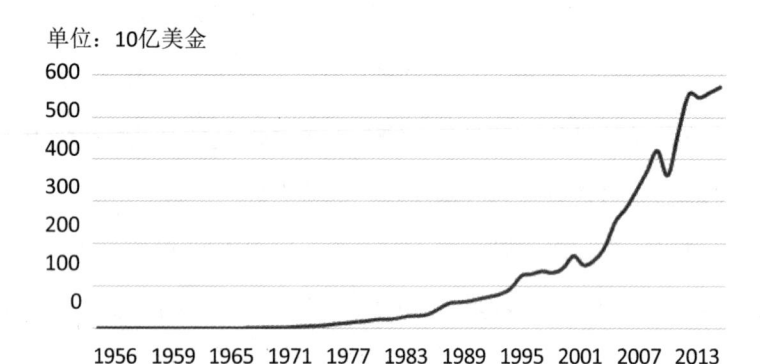

图 2-3　韩国出口增长（1956—2014）

由于政府的重工业和出口导向政策，使得韩国在这一时期的经济获得高速增长。重工业政策是政府有意动员外资、技术等资源培育民营企业的政策。这些民营企业率先出口，发展具有国际竞争力的产业化，在进入世界市场时又得到了1986年至1988年的"三低"政策的支持，包括低油价、低利率、低美元和经常账户盈余。1989年韩国政府转向开放政策，支持进口自由化和海外旅行自由化。经济规模扩大，产业结构升级，就业增加，国民收入显著增加。世界领先的公司也应运而生，三星、现代、SK、LG等公司成为世界级的跨国公司。然而在经济达到顶峰后，由于劳动、公共服务、金融、教育等领域的改革不足，也出现了一些问题，不过这在经济发展的上升期还是可以容忍的。但大企业与中小企业之间存在不平衡，阶层间的收入差距逐渐扩大。随之而来的经济增长逐渐停滞，韩国的年均经济增长率从2001年到2012年下降到4.0%，2013年之后下降到2%的区间。

表2-2　韩国国家发展指标

	1980年	2012年
经济成果	- 人均GNI：1,645美金 - 贸易规模：56亿美金 - 世界500强企业：没有 - 科学技术投资：2,117亿韩元	- 人均GNI：22,700美金 - 贸易规模：1万亿美金 - 世界500强企业：13家 - 科学技术投资：554,501万亿韩元（世界第5位）
政治民主化	- 自由指标（自由之家） - 政治权力5等级 - 公民自由6等级	- 世界民主主义指标（《经济学家》）22位 - 自由指标（自由之家） - 政治权力1等级 - 公民自由2等级
社会发展	UN人类发展指数：38位	UN人类发展指数：15位 OECD生活指标"更好的生活"24位 UN世界幸福报告：56位
文化发展		韩国K-POP 体育强国
国际地位		1996年加入OECD 2009年作为OECD成员国从援助受益国转变为援助贡献国 2010年参加G20议长会议

出处：郑九贤（2013），《我们的路在何方》，清林出版社；统计

厅（http://www.kostat.go.kr）；韩国银行；UN人类发展指数；自由之家等作者再整理。

1987年的民主化使得人权得到了加强，政治权力被分散，市民社会得到了振兴。劳动收入份额从1987年的52.1%上升到1996年的62.6%。[①]建立地方自治制度，实现区域均衡发展。地方自治制度的实施，提高了地方社会管理能力，改善了当地人民的生活环境，当地文化也得到了发展。

图2-4　韩国的基尼指数（1990—2010）

出处：韩国统计厅（2016），《通过统计数字看解放70周年韩国社会变迁》。

政治体制方面，建立了五年一届的总统换届制进行政权更迭。韩国社会第一次发生了右翼和左翼的政权更迭。右翼政府出现在1988年和1993年，左翼政府出现在1998年和2003年。2008年和2013年右翼政府重新出现。2017年再次转向左翼政府。左翼政府的出现是左

---

① 郑九贤（2013），《我们的路在何方》，清林出版社。

翼运动政治权力的结果。在民主化进程中，左翼政治力量通过扩大工会、教育和市民团体等群众运动的空间，成功地获得了权力。这种政府更迭一方面为治理多元化提供了契机，另一方面也失去了治理的一致性，加剧了混乱。2017年左翼政府推动反美抵日政策，实施亲朝政策以摆脱美日欧自由民主阵营。大韩民国政府自1948年成立以来首次否定维持了70年的自由民主目标，动摇了治理框架。

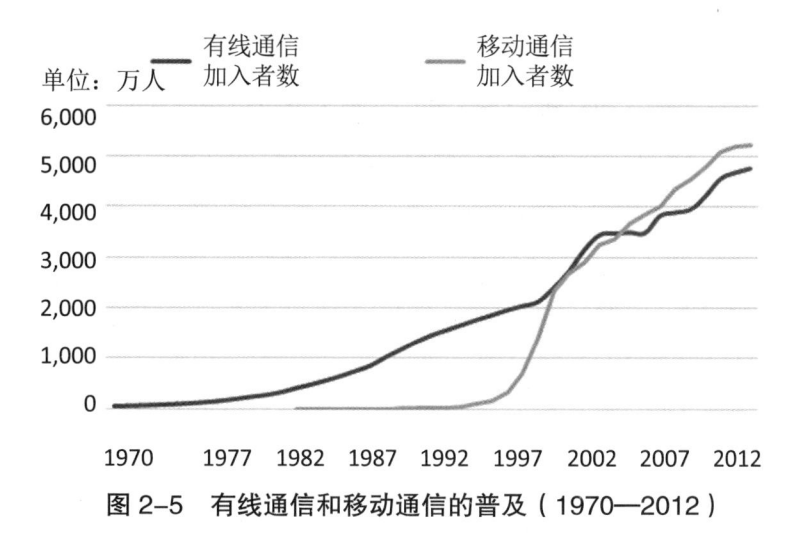

图 2-5　有线通信和移动通信的普及（1970—2012）

出处：韩国统计厅，《韩国统计年鉴》；韩国信息通信政策研究院《信息通信统计指标集》；信息通信部/韩国电算院，《信息化统计集》；电子新闻《信息统计年鉴》。

信息化已成为韩国在世界上的标签。自1990年代以来，韩国成为世界领先的信息化社会。韩国的信息化始于1987年，它作为国家基础设施的网络构建，为人们提供透明与高效的公共服务。通信分布在全国范围内扩大，提高了市民的沟通能力。随后，它又将其范围扩大到宽带互联网和移动通信，并在将韩国社会转变为数字社会方面发挥了决定性作用。

信息化是自然资源匮乏的韩国发展知识密集型和技术密集型ICT产业以谋求可持续发展的战略选择。1995年的《推进信息化基本方案》是全面启动信息化的蓝图。它旨在通过将互联网用于教育、政府和工业来促进数字社会和数字经济。为此，政府看到了网络升级的必要性，并推进了建设高速信息网络的计划，在所有行业建立并在市民生活中使用了世界级的高速互联网网络。网络经济和网络文化已经深入生活的方方面面。在公共部门，韩国在国际电联世界信息化指数中排名第一，同时电子政务也位列第一。韩国被视为世界信息社会的典范。

表2-3 国家信息化指数

指数		韩国排名（括号里为调查对象国国家数）						
		2003	2005	2009	2010	2011	2013	2015
ITU	ICT发展指数（IDI）	-	-	2（154）	1（159）	1（152）	1（157）	1（161）
UN	电子政府准备指数	13（191）	5（191）	-	1（190）			

出处：ITU (2016). ICT Statistics, retrieved from http://www.itu.int/en/ITU-D/Statistics/Pages/ default.aspx. United Nations (2014). Global E-Government Survey, retrieved from http://www.unpan.org/ egovkb/global_reports/08report.htm.

1989年1月韩国境外旅游放开，韩国人可以自由出国旅游。访问韩国的外国人数量也增加了，文化交流逐渐活跃。歌手朴载相（绰号"鸟叔"）的《江南style》自2012年起连续5年在YouTube上创下世界第一。2018年BTS成为第一位登上Billboard排行榜的韩国歌手。

韩国从2000年代之前进口广播和电影节目的国家变为出口国，同时创造了一种被称为"韩流"的文化现象，使韩国文化广为人知。韩流的目标也从影视剧和音乐扩展到了美容和美食。在高尔夫、射箭等运动领域，韩国世界排名第一的情况也越来越多。

单位：万人

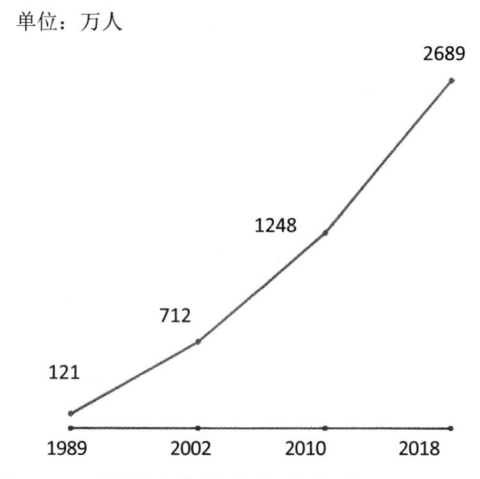

年份	1989	2002	2010	2018
人数	121	712	1248	2689

图 2-6　韩国人海外旅行趋势（1989—2018）

出处：韩国观光公社《韩国人年度出国人员综合调查》。

最重要的是，全球化让韩国在历史上第一次被纳入海洋文化。这意味着韩国已经摆脱了封闭保守的旧文化，拥抱了一种寻求变化和新鲜事物的新文化。与世界的不断交流过程中形成了韩国独特的竞争优势，最终成为韩国成长和发展的新动力。此外，全球化也带来了民主与法治。

工业化、民主化、信息化和全球化不是由任何单一因素驱动的，而是相互关联、相互交织的，它使韩国从一个贫穷的欠发达国家转变成为发达国家。

03　传媒的波动

1970年代之前媒体领域并不大，产业和技术都没有大的变化。1970年代主要问题是政府与媒体之间的冲突。政府压制了当时最重要的媒体——报纸。1974年，《东亚日报》记者宣布"实践新闻自由"反对这些措施，"我们不会屈服于任何反对言论自由的压力，将尽一切努力实践新闻自由，这是为了实现自由民主社会存在的基本要求"。他们做到了同时解决了三个问题：排除任何外界对报纸、杂志和广播的干扰，拒绝派驻官员，拒绝非法逮捕记者。作为回应，政府向报业公司和公共机构施压，要求取消广告。《东亚日报》从1974年12月起持续了七个月的广告压制导致经营困难。到1975年1月25日砍掉了98%的报纸广告。最后，《东亚日报》管理层迫于政府压力解雇了114名记者。

与此同时，由于经济和技术的限制，广播电视业也停滞不前。只有少数地方广播电视公司在运作，其中，以韩国广播电视公社（KBS）、文化广播电视公社（MBC）和东方广播电视公社（DBS）为中心。广播电视与报纸不同，长期以来一直是作为国营系统运营的。1927年在日本殖民统治下开始播出的京城广播电台，是在当时日本总督府的控制之下。直到1954年，第一家私人广播公司Christian Broadcasting System（CBS）才成立。1960年代民间广播增多，1973年中央广播电台更名为韩国广播电视公社（KBS），转为公营。但是，以"舆论"为中心的思想和制度仍然占主导地位。报纸和广播电视仍然属于所谓的新闻舆论界，而不是媒体。直到1980年代媒体业才得以发展。

然而自1980年代以来，包括报纸和广播电视在内的媒体系统发生了巨大变化，这个时间点与韩国社会工业化和民主化的时间相吻合。自1980年代以来，媒体在公共领域与产业领域都得到了发展。媒体在公共领域的价值得到了加强。媒体的社会责任、公共权益和公共价值已被制度化。工业化发展使得媒体广告迅猛增加，媒体运营得以保障。彩电的推出和大众文化的传播凸显了媒体的产业价值。彩色电视节目的开播，让广告市场焕发了活力，让文化的色彩感发挥得淋漓尽致。体育运动也得到普及，推出，职业棒球和职业足球并与媒体相结合的模式。特别是韩国成功举办了1986年的亚运会和1988年的奥运会，这进一步推动了体育和媒体的产业化。此外，1980年代在世界各地出现的新自由主义导致韩国政府开始对媒体放松管制和对媒体的私有化产生了影响。

这一切使得在1980年代之前的处境与第三世界欠发达国家相似的韩国媒体，呈现出与他们完全不同的戏剧性变化。韩国媒体从一个受到政府压迫的体制起步，一直走在扩大自治和自由、激发产业发展的道路上。然而这一切的开始也非常戏剧化。1980年韩国的社会的动荡催化了报业的整合，《舆论基本法》也被修订了。1979年10月朴正熙总统逝世后，人们期盼威权时代的终结，民主时代的到来。然而，随着军方在政府中占据主动，韩国社会成为民主社会的道路又被阻断了。1980年5月，军政府扩大了戒严。他们禁止一切政治活动和室内外集会，预先审查媒体刊载的报道和广播电视，责令关闭大学，严禁散布谣言。光州发生了反对扩大戒严令的抗议活动，在镇压抗议活动的过程中，造成数人死亡。军政府成立了国家安全应急委员会，掌握立法、司法和行政三权。国家安全应急委员会主席全斗焕在全国实行大规模的戒严，在这样的氛围下强行修改了宪法实行全民选举，并最终当选了总统。尽管20世纪70年代朴正熙时代的威权制度瓦解了，但80年代威权主义又卷土重来。

威权政府控制媒体

1980年代，韩国政府强化了对媒体的控制，通过解雇记者和强行整合新闻机构完成了媒体结构调整。政府实施紧急戒严令，加强了对媒体的审查。1980年5月，随着戒严机关加强了审查，东亚日报、中央日报、国际日报、合动通信等记者们要求戒严机关取消审查。韩国记者协会也声明拒绝戒严当局的审查，如果拒绝审查不成功，则决定拒绝制作。此外，5月17日全斗焕军政府扩大了紧急戒严令导致随后发生的光州起义运动因新闻管制而没有得以报道。中央日报和东洋广播电视的记者对光州起义的歪曲报道表示了不满，并以拒绝制作发出了抗议。随后，东亚日报、东亚广播电视、文化广播电视、合动通信、朝鲜日报、东洋通信的记者也纷纷效仿，联合抵制和拒绝制作。针对这样的抵抗活动，军政府采取了解雇和监禁的方式对新闻媒体报社进行了猛烈地回应。[1]

1980年7月新闻媒体报社以"新闻界的自我净化"为由解雇了大

---

[1] 金敏焕（1996），《韩国舆论史》，纳南出版社。

量记者。表面上看起来是采取了自己的决议形式，但实际上是在军政府的指挥下进行的。韩国报业协会、韩国放送（广播电视）协会、韩国电信协会决定的自净计划包括，自主决定肃清内部异己，在新闻媒体公司出版商的权责下，成立媒体自净委员会并开始裁员。通过文化和公共事务部（文化公报部）向媒体下达军政府解雇标准，包括腐败、政治倾向、误导国民以及带头反对等名目。军政府通过进行大规模的记者裁员来削弱媒体内部阻力，从而进一步达到对媒体的控制。

新闻传媒的整合与《舆论基本法》

1980年11月韩国政府进一步统合了舆论媒体。这种方式是借用报业协会和广播电视协会自主决议的形式进行的。报业协会和广播电视协会公布了七项《关于促进和发展健全舆论的决议》。尽管这是由报业和广播电视机构的自治组织协会宣布的，但实际上这也可以视为政府的舆论政策。内容包括报业的整合，广播电视国营化，禁止报纸与电视广播合营，撤出中央报媒和广电机关以及各地方报媒的驻扎记者，地方报业按照每个行政单位"一地一社"的规则，通信公司经过重组整合之后设立单一的通信公司等。[①] 然而，支持这一系列政策的逻辑是"公共性"与"公益性"。例如，该决议的第二条中指出，"与欧美其他国家相比，韩国的报纸和广播电视公司太多，因此媒体无意中伤害了人民，造成了很多社会邪恶。"第三条中"鉴于媒体机构巨大的社会影响力和责任，媒体机构寡头化有悖于公共权益，因此阻碍

---

① 金周彦（2008），《韩国媒体控制》，Rebook出版社。

公共权益的媒体结构必须得到改善。"可以看出媒体的"公共性"是一个关键概念，而且政权也能借此控制媒体。

根据这项决议，报纸和广播电视公司进行了合并和整合。国营体系的广播电视系统得以建立了起来。只保留了国营KBS与KBS持有70%股份的MBC两家广播电视公司，东亚广播电视和东洋广播电视被并入KBS。CBS取消了报道功能，只允许播出宗教节目。在报纸方面《新亚日报》与《京乡新闻》合并，《首尔经济》与《韩国日报》合并。地方报纸按照"一地一社"的原则进行合并整合。电信公司方面合动电信和东洋电信合并成为联合电信。在定期刊物方面《创造与批评》《根深蒂固的树》《种子之声》《记者协会报》等批评性杂志遭停刊。此外，地方特派记者制度被取消，报纸出版地区以外的新闻只能依靠政府控制的渠道获取。

全面整合的结果，韩国从64家媒体公司变成了14家报纸、27家广播电视公司和7家电信公司，还有172种定期刊物停刊。

政府在整合了舆论媒体以后，又颁布了《舆论基本法》。《舆论基本法》将原先的《报纸和通讯登记法》《广播电视法》和《舆论伦理委员会法》三法统合为一体。《舆论基本法》率先对"舆论的公共责任"进行了定义和制度化。然而，实际上，其目的是以公共责任的名义控制新闻界。尽管宪法保障了新闻自由，但政府把其归为公共责任，以此来限制新闻的行动和权利。

关于定期刊物，制定了包括日报在内的期刊和通讯公司及其设施的登记标准，文化和公共事务部（文化公报部）部长规定了取消期刊登记或暂停出版的理由。这些原因包括法律标准，例如当存在通过虚假或其他非法方式注册的事实或未能维持设施运行标准时。但这个标准的问题是在鼓励和赞扬破坏公共秩序的非法行为，例如暴力破坏运营设施的行为。这些使得这些条款可能受到任意解释，比如它还允许法官在有充分理由的情况下获得没收期刊和广播电视财物的搜查令。很显然，这是一项允许滥用权力的规定，因为扣押的理由是宽泛而模糊的。

政府在制度上建立了官营广播电视系统。在广播电视系统结构方面，韩国广播电视公社（KBS）成为其他广播电视公司的主要股东，形成了一个统一的系统。韩国广播电视委员会是作为审查广播电视公共责任的机构而设立的。此外，还成立了韩国广播电视广告公社，将广告这样的广播电视的财政来源也牢牢地握在公共管理机构的手里。

政府通过整合媒体来实现直接控制，同时通过广告为媒体提供经济利益。这就是所谓的大棒和胡萝卜软硬兼施的政策。由此确保了对媒体的垄断。通过对媒体行业进行合并，从根本上减少了媒体公司的数量，削弱了媒体对政府的抵抗，运用垄断制度进行制度保障。通过限制报纸和广播电视的合营，使得各行的媒体在各自领域得以发展。在1980年代媒体公司实现了飞跃式的增长。从1980年到1986年，主要报社媒体的资本金以年均38.2%的速度增长。

此外，政府还系统性地干预了传媒产业的设施投资和融资过程。报业媒体组织牵头，获得了诸如关税调整、启动资金支持、融资支持、副部长协作支援等来自政府的优惠政策支持。此外，政府还向媒体提供了各种税收优惠，在以确保资金为目的去出售持有的土地时也给予媒体税收优惠。

政府还促进了媒体人的福利。在《舆论基本法》中，甚至有一条这么规定的："为维护其社会地位和尊严，应当向媒体人支付丰厚的报酬。"（第19条）这在其他法律中是没有的。它允许国家为媒体提供支持，比如税收特惠或财政支持（第4条），并通过广播电视广告的代理费，来利用这些资源扶持媒体。

政府还直接控制媒体的内容。1981年，根据总统令第10号和第161号，文化和公共事务部（文化公报部）设立了"公共信息协调办公室"，对日常报道进行日常管理。公共信息协调办公室是在"建立协调和支持媒体机构报道的综合计划"的名义下成立的，但实际上它是一个通过报道方针控制媒体的组织。在这里，新闻报道方针是公共信息协调办公室每天面对每个媒体组织的新闻控制的指南。公共信息协调办公室依照报道方针对某些问题做出了具体指示，例如"可以报道""不可以报道""绝不可以报道"这种具体的报道指示。他们还会规定报道内容和形式和诱导报道方向。

这种直接控制舆论的方式在当时并没有被广泛地注意到。这是因为在专制权力下社会问题未得到公开地讨论。直到1984年，被解职的记者组成的组织才发表声明说："政府控制重大新闻内容，提前通知媒体关键的公关任务和公关事项，而报纸和广播电视机构则通过社论、评论、专题策划等形式密集推动政府项目，政府与媒体相互勾结。"此后，1986年9月，民主舆论运动协议会出版的《话语》中将政府控制舆论的报道方针公布于众，引发了社会大讨论。

媒体公共机关的扩张

在媒体领域中公共机关大举登场了。在广播电视领域，设立了广播电视委员会（第34条）和广播电视审议委员会（第37条）。广播电视委员会负责审议广播电视业务的基本事项。广播电视委员会的成立形式上是为了实现"公共责任"，即广播电视应独立存在于政治权力或私人利益之外不受那些因素的影响。

韩国政府成立后很长一段时间里，对广播电视的管理一直由政府的公共事务部门掌管着。自1948年出台信息通信部（公报部）直接处理广播电视营业执照和节目内容等相关规定，50多年来一直保持着这个大框架。随着1961年《无线电波管理法》的颁布，邮政电信部负责广播电视台的许可。1963年颁布的《放送法》（又称《广播电视法》）中规定了广播电视要想获得许可需得到公报处长官推荐这一变化，许可虽然由邮电部负责，但对广播公司的实际监管是由公报处负责的。然而，随着1980年韩国广播电视委员会的成立，它是与公报处一起参与了广播电视管理事务的机关。

广播电视委员会由九名成员组成，每名成员均由总统、国民议会议长和最高法院首席大法官推荐。该委员会的组成是一种收集各方面意见的制度性装置，旨在维护广播电视的公益责任和公共性质。然而，在此期间它只是一个名义上的官方机构。它被批评只是在促进政府的威权统治方面发挥了作用。但是，韩国广播电视委员会在日后讨论媒体治理时发挥了作用，它提出了媒体的独立性和公共性的标准。

另一个官方组织——广播电视审议委员会作为审议广播内容的公共性和公平性的组织应运而生。这是根据广播电视节目应遵循规范标准以保护社会文化的立场而成立的。然而，通过将广播电视审议制度化为法律，它引起了与宪法保护言论自由相冲突的问题。因此，它因为是国家机关审查广播电视内容而受到了批评。

另一方面，舆论仲裁委员会受理、调解与仲裁因媒体报道而主张受到损害的个人或团体提出的异议报告、更正信息、跟踪报告、损害赔偿请求等案件,并对媒体报道造成的侵权行为进行审慎处理(第50条)。舆论仲裁制度是一种在除了韩国之外的其他国家很难找到的特殊制度。特别是引入了反论权,并将其作为行使该权利的法律机构的制度化作用。那些希望提出反论报道请求的人在向法院提出索赔之前先通过舆论仲裁委员会,该委员会能尽快地在媒体与受害方之间进行协调。舆论仲裁委员会成立之初,就有很多对它的负面评论认为它会侵犯新闻报道的自由。该委员会的决定和审查或审查建议被批评为受到了媒体的干扰。然而,舆论仲裁委员会逐渐成长为一个在减轻舆论危害方面发挥重要作用的组织。

根据《舆论媒体人培训条例》(第18条)为提高舆论工作者的能力和素质,撤销现有的报业研究所成立舆论研究院。舆论研究院负责媒体工作者在国内外的培训和再教育工作。这是一个旨在提高从业者资格和专业水平的系统。此后,媒体研究人员将其范围扩大到专业研究和调查,以及建立数据库服务。

与此同时,韩国广播电视广告公司成立。韩国广播电视广告公司是一个在韩国媒体治理中发挥了非常独特作用的组织。到1980年代结束时,广播电视公社直接掌管了广播和电视的广告业务。1980年颁布并实施的《韩国广播电视广告公社法》中规定,广播电视的广告业务可以通过韩国广播电视广告公司进行。韩国广播电视广告公社(KBC)代理包括电视和广播在内的所有广播和电视台的广告业务,并从广播电台和电视台收取广告佣金。这些资金扣除掉给广告公司的代理佣金还有公社的运营费用以外形成的"公益基金",被用来支持广播电视振兴事业、文化艺术振兴事业、广播电视广告振兴事业等,将其用于支持广播电视广告振兴的相关调查和研究的财政支援。

然而，上面提到的五家公共机关的运营资金均来自韩国广播电视广告公社的收益。因此，韩国广播电视广告公社实际上成为维持各种官方媒体组织的财务负担机构。它通过向现有媒体机构中财务独立性较弱的机构提供补贴，间接引导了韩国媒体的发展方向。

传媒行业的成长

舆论报业的整合使媒体运营商主体发生了重大的变化。随着1980年代韩国经济增长导致广告市场的扩大，媒体公司的销售额也不断增长。

报纸媒体通过整合保持了少数报纸的寡头垄断地位。就地方报纸而言，按照"一省一公司"的原则，每个地区一省一份报纸处于垄断地位。电信公司也按照此逻辑在每个地区有一家电信公司。在这样的寡头垄断体制下，报纸迎来了发展机遇。从1980年到1987年，《朝鲜日报》《中央日报》《东亚日报》《韩国日报》四大报纸的销售额从858亿韩元增长到2795亿韩元，增长了3.3倍。[①]

在广播电视方面是以KBS为顶层结构控制的垂直体系。由于KBS是MBC、韩联社和《首尔新闻》的大股东，因此KBS处于中心控制地位。KBS已经发展成为拥有3个电视频道和10个广播频道的大型媒体公司。结果出现了导致官僚化和沟通不畅的问题。此外，当仅靠许可费无法运营一个庞大的组织时，就会引入商业广告。停播了

[①] 赵孟基（2011），《韩国舆论史理解》，西江大学出版社。

11年的商业广告，以培育民营广播电视台（MBC）的名义得到了恢复。1981年以这种方式开始的KBS广告，在此后近40年的时间里引发了收看费和广告收入的平衡问题。特别是官营广播电视公社的身份备受质疑，因为他们对广告的依赖度增加了，但却没有提高收看费。KBS与MBC享受了"舒适的双寡头体制"，在几乎没有竞争对手的环境下安享稳定增长的成果。而且在1980年代韩国经济以年均8.4%的速度快速增长。所以广告市场也随之爆发式地增长。从1981年到1990年，广告总支出增长了628%。其中，报纸689%、杂志902%、电视625%、广播308%。

表3-1 接收费与广告收益的比较

（单位：亿韩元，%）

	接收费		广告收益		其他		总计	
	收入	比重（%）	收入	比重（%）	收入	比重（%）	收入	比重（%）
1981	550	59	340	37	40	4	930	100
1991	1,360	30.7	3,000	67.6	80	1.7	4,440	100
2001	4,260	41.8	5,320	52.2	610	6.0	10,190	100
2011	5,250	40	5,440	41.5	2,430	18.5	13,120	100

出处：KBS经营评价报告，监察院监察报告。

基于如此高的广告增长，媒体公司也得以稳步增长。而且媒体公司的管理得到了显著改善，媒体工作者的待遇也得到改善，这是通过韩国广播电视广告公司的公益基金主导的各种福利待遇以及政府对媒体人的税收优惠待遇等实现的。但另一方面，极具快速地爆发式增长也滋生出煽动式的报道、特权主义，以及结构性腐败等问题。①

韩国于 1980 年引进了彩色电视机的生产技术。从黑白电视到彩色电视的转变是媒体历史上的另一个重要变化。引进彩电是政府的政治决定，后来反映了行业的立场。尤其是生产彩电只出口的电子行业，可以以开拓国内市场为契机，积极参与了这项变革。主管电子行业的商务部将彩电推广视为家电行业发展的良机来积极推动。因此，播放彩色电视节目成为电子行业参与到传媒行业中来的转折点，这也为后来在数字时代引入数字广播电视和智能电视时电子行业参与进来提供了基础。

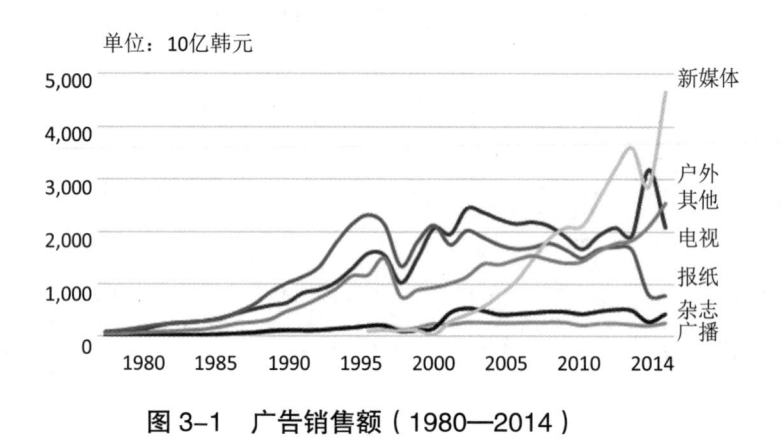

图 3-1　广告销售额（1980—2014）

出处：韩国广播电视通信委员会，e- 国家指标（韩国内容振兴院，第一企划），《广告年鉴》（1988）。

---

① 郑进锡（2001），历届政府的媒体政策，《宽勳杂志》秋季刊，第 80 期。

市民社会的兴起

在1980年代初期，由于受到政府专制统治的压制，市民社会运动很少。反政府团体受到镇压，市民团体不能依法成立。在1980年代中期之后，市民社会开始逐渐展开翅膀。然而，市民社会的起步却出人意料地开始于媒体领域。由于广播电视过度宣传政府和只提供站在政府立场的节目，反而引起和加剧了民众的反感。

1984年4月，全罗北道完州天主教农民会和天主教会以"只有执政党和政府才需要向KBS付收视费"为口号发起了拒绝缴纳收视费的运动。随着对不公平广播电视报道的批评愈演愈烈，市民社会的运动逐渐地组织了起来。这些活动以1985年第12届总统大选的偏颇报道为导火索迅速地扩散开来。从天主教发起的拒绝缴纳收视费运动很快转向新教，成为基督教泛全国的活动，其间又有女性团体与青少年团体加入了进来。他们以KBS变成政府单方面的宣传喉舌，在转播体育赛事的过程中进行夸大和过度的消费性宣传影响下一代的成长为由拒绝缴纳收视费。到了1986年1月，成立了"KBS收视费拒绝缴纳泛国民运动总部"，进行了一场有组织的运动。在全国各地也成立了地方组织。各地的市民通过拒绝支付收视费或通过参加签名活动或在他们的房子或汽车上贴上"你不能为了商业广告进行有偏颇地报道"或"我不看KBS电视"等标语来表达拒绝缴纳收视费的态度。

这个时期市民社会反对缴纳收视费的运动也被视为一种对军政府的抵抗活动。反对党和民间力量通过抵制KBS的运动走到了一起，他们联手把拒绝缴纳收视费运动转变为推动总统直选的政治目标。1986年9月，名称扩大为"拒缴KBS收视费和捍卫新闻自由"，发展成为市民抵抗运动。之后，又顺应民意成立了"争取民主化胜利的全国运动总部"，并在1987年6月引发了民主化运动。这是韩国社会的重大转折点之一。

拒绝收视费运动通过表现出公众对政府控制媒体的抵触情绪因而影响了政府的媒体政策。它成为成熟的市民社会媒体运动的起点。

通过这种方式，民间社会将收视费问题作为一个政治问题提出，而不仅仅只是媒体的问题。这种使命感使市民社会能够继续作为一种将媒体与政治联系起来的纽带来运作。之后，它的作用扩展到了整个舆论界带动了舆论的民主化运动，并进一步带来了导致社会民主化运动的机会。拒绝缴纳收视费运动甚至出现在1986年对韩国社会产生巨大反响的预示着韩国出现激进主体思想（主体派）的《钢铁信件》中，可见当时这个运动的影响力。[①]

1984年12月，以在1980年因报业媒体整合而被解雇的媒体人为中心成立的"民主舆论运动协议会"正式成立。"民主舆论运动协议会"一直在开展对舆论的监测活动以及对市民的媒体教育等活动。1985年6月，《话语》月刊创刊。《话语》在1986年9月曝光了政府控制媒体的"报道方针"，揭示了政府对媒体的实际控制。1998年3月更名为"民主舆论运动市民联合"成立了社团法人，2006年3月又更名为"民主舆论市民联合"。

也就是在这个时候，市民团体的作用才正式开始了。YMCA（基督教青年会）在韩国民间社会的媒体活动中发挥了先锋作用。1985年，YMCA开设了"正确观看电视节目教育课程"，对电视节目进行监

---

① 朴赞洙（2017），《NL现代史》，人物和思想史。

督教育活动。1985年发布了一篇关于监测早间幼儿节目的观察报告，1986年又发布了一篇关于儿童外汇和儿童时间段的商业广告相关的观察报告。起初，它主要侧重于提交以儿童节目为主的调查报告，但之后它扩大了监督范围。

表 3-2　市民社会媒体运动的目标

	工具性的目标	1级目标	2级目标
主要目标	- 拒绝或废除KBS收信费	- 终止歪曲报道 - 禁止官营媒体广告 - 终止低质节目 - 终止政治权力对广播电视的影响	- 广播电视民主化 - 广播电视公益成果与实现公共性 - 社会民主化
追加目标	- 媒体受众的能动意识 - 民主公民权利恢复 - 媒体与市民社会的联合		

出处：金基泰（2004），《观众主权与观众运动》，《韩民族日报》。

就这样，媒体成为纽带，使市民社会开始发展。媒体在市民社会的出现和成长中发挥了重要的作用，这是一个重要的变化。然而，直到这个时候为止，市民社会的意识形态格局仍由自由民主框架主导，民主化依旧是奋斗的目标。

04　扩大传媒自治

　　1987年韩国社会摆脱了军政府的统治成为一个民主国家。1987年6月，民众反对军政府的民主化诉求愈演愈烈。最终，政府通过《6·29宣言》，接受了民众民主化的要求。《6·29宣言》包括：①修订宪法改为总统直选制；②协商总统选举法；③进行大规模的大赦和复权；④最大程度地保障新闻自由；⑤明示基本权利；⑥实现地方和教育自治；⑦保障政党活动自由；⑧根除一切社会腐败。一共八项内容。其中，最关键的内容是直接选举总统的宪法修正案和尽可能保障新闻自由。因此，它成为一个不仅在政治上而且在媒体上也带来了新变革的契机。

　　由国民直接选举产生的总统卢泰愚当选，卢泰愚总统宣布韩国开启了"普通人"的时代。韩国试图摆脱前一个时代的威权主义，民主化的诉求开始在制度上被接受。随着经济的持续增长，社会条件有所改善，比如完成了全民医保。

　　1988年韩国主办了奥运会。政府将奥运会的成功举办视为提升国家地位的绝好机会。1988年奥运会是历史上第一个由韩国主办的重大国际赛事，而且媒体也借机宣传举办奥运会对韩国进入发达国家有利。媒体行业也因此有机会在质量和数量上都实现了增长。

　　韩国经历了政局的变化、经济增长、环境变化比如举办了汉城（首尔）奥运会，让媒体得以摆脱了控制的枷锁，甚至开辟了以前不能踏足的领域。新报刊的快速增长，媒体市场进入自由竞争体系。媒体摆脱了专制控制，进入自律竞争时代。电视成为选举宣传的主角，媒体的政治影响力逐渐增强。韩国社会迎来了媒体中心主义的新变化。

引入竞争政策

随着全球自由民主的趋势，韩国政府实施了一系列包容媒体自由的政策。这意味着引入自治和竞争，而不是像之前政府那样直接统治媒体。

政府废除了《舆论基本法》。《舆论基本法》多年来饱受诟病。因此废除《舆论基本法》意味着媒体将摆脱专制模式，保障了舆论的自主权。取而代之地是制定了《定期刊物登记法》和《广播电视法》。此外，KBS将所持有的MBC股份全部转给新成立的公益法人广播电视文化振兴会，并制定了《广播电视文化振兴会法》。这使得MBC成为独立机构，舆论传媒公司里也成立了工会。

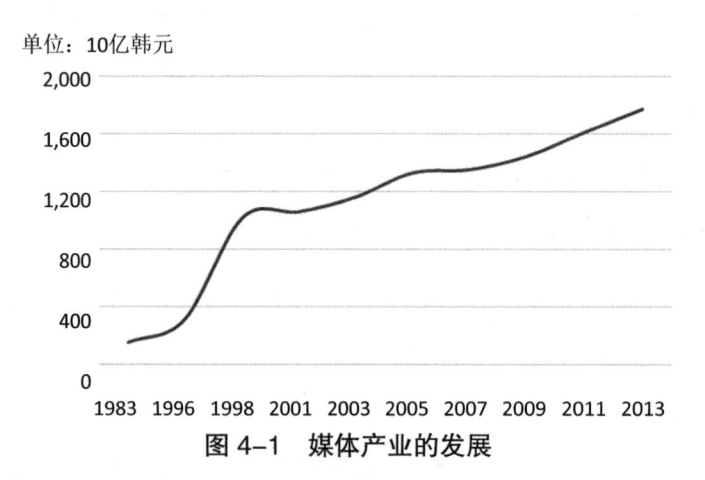

图 4-1 媒体产业的发展

出处：PwC (Global Entertainment and Media Outlook 2005, 2011, 2014).

接受了媒体的产业化。经济增长和广告收入的增加促进了媒体的产业化。传媒产业化不仅发生在韩国，也是全球的一种趋势。

受政治影响深远的媒体结构也发生了显著的变化。限制新闻自由的措施已被废除。驻在各地的记者制度被恢复，记者证被废除了。在以前记者证只是记者证明身份的一种方式，只有获得政府特别许可的记者才能进出公共机关。与此同时报纸的版面限制也被放宽，报社可以自主做决定。这些变化导致许多限制媒体发展的规矩被打破。新的报纸和杂志快速增长，进入了自由竞争体系。

政府制定了《定期刊物登记法》。新闻报纸企业的注册变得自由灵活了。只要具备了一定的设施条件申请以后发了登记证的话，政府就不能随意取消报刊的合法资格。这是一个强化对新闻自由竞争保护的法律。

此外，新颁布的《广播电视法》也将广播电视的自由和独立作为其主要价值观。《广播电视法》的第1条规定："本法之目的，为保障广播电视的自由及其公共职能，促进民主舆论的形成，改善民族文化，为促进广播电视公益事业作出贡献。"此外，第3条还规定："①广播电视自由得到保障。②除本法或其他法律规定外，任何人不得对广播电台及电视台的节目编排、制作或运营进行任何限制或干涉。"引入了强调舆论自由的规定。[①]

然而，广播电视的自由是在公共性框架之内的自由，并不是完全的自由。在威权时代引入并广泛使用的"公共性"在自由时代被认为是一种更为必要的价值。具体而言，它试图通过"形成民主意见"和"平

[①] 徐正宇・车培根・崔昌燮（1993），《媒体控制论》，法文社。

衡地收集各种意见"等规定来实现公共责任。因此，作为官营媒体主体的 KBS 和 MBC 并没有被继续诟病限制新闻自由，而是期望于如何更好地经营官营媒体。因为 KBS 和 MBC 的官营地位并不可能完全保障他们的公共性，尽管他们官营的地位没有发生改变。与报纸和杂志数量增加不同的是，建立新的广播电视台的事却被排除在了讨论之外。这是因为随着舆论媒体劳工组织地位逐渐强化了以后，他们就自然而然地安逸于双寡头垄断这一制度基础上了。

　　韩国广播电视委员会的重组表明了广播电视的公共性质得到了提升。为了维护广播电视的公共责任于公平原则，韩国广播电视委员会的作用和职责得到了加强。因此，将负责制定广播电视运营和节目制作相关基本政策的部门从以前的政府行政部门转移到韩国广播电视委员会。韩国广播电视委员会的职能增强旨在削弱政府在广播电视政策中的领导地位，同时反映社会的不同声音。换言之，它旨在反映社会在广播电视政策和管理方面的多样性。委员会成员增至 12 人，权力由单纯的"审议"升级为"审议与决定"。此外，曾经在《舆论基本法》里未被明确规定的"广播电视运营与制作有关的基本事项"以"广播电视运营与制作基本政策"得以确立。此外委员会还被赋予推荐官营媒体董事的权利和公布广播电视公司财务报表的权利。

　　官营广播电视公社社长的任命权也发生了变化。KBS 的董事会成为 KBS 的最高决策机构。因此，KBS 社长的任命权也移交给了 KBS 董事会。在那之前，KBS 社长都是由政府直接任命的，由文化公报部部长推荐并由总统直接任命。但是这种情况发生了变化，由 KBS 董事会任命社长。此外，KBS 董事会成员由广播电视委员会推荐并任命决定。

MBC的治理结构也发生了变化，成立了广播电视文化振兴会。1988年颁布了《广播电视文化振兴协会法》，赋予MBC以官营广播电视公社的地位。广播电视文化振兴会的成立体现了官营广播电视系统应当保留下去的立场。因此，尽管MBC的主要收入来源靠广告，但明确表示它不是商业性的广播电视台而是公共性的广播电视台。MBC的70%股份由广播电视文化振兴会持有，30%的股份由贞水奖学金协会持有。广播电视文化振兴会有10名理事和1名审计员，由国会议长推荐的4名（其中执政党任命3名）和韩国广播电视委员会推荐的6名组成。MBC的社长也由广播电视文化财团直接任命。

通过这一变化排除了政府对人事权利的干涉确保了广播电视的自主性和独立性。当然，广播电视委员会可能通过各大广播电视公社的董事会进行间接控制，但至少治理结构和制度发生了根本的变化。

媒体公司的崛起

到1986年，政府对媒体的控制得到了缓解，媒体自主权得到了加强。媒体公司设立的条件被放开了，媒体公司数量明显增加。

纸面媒体尤其如此。《舆论基本法》曾被看成是出版的许可制度，它被废除后，报纸杂志的出版量大幅增加了。省市地方杂志、宗教杂志、妇女杂志、时事杂志、生活资讯杂志等在全国范围内出现。《韩民族日报》公开发行，以宗教团体为首的《国民日报》和《世溪日报》也相继发行。民营大企业也加入了进来，如京乡新闻社的《京乡新闻》、现代集团的《文化日报》、乐天集团的《国际新闻》、大宇集团的《釜山每日新闻》。各地方的《京畿日报》《全南日报》《武登日报》和《庆北日报》也发行或副刊了。

《韩民族日报》是用国民募捐款成立的。它是由1970年代《东亚日报》和《朝鲜日报》骚乱而被解雇的记者们创办的一份报纸。它的起源可以追溯到1979年。1979年朴正熙总统去世后，《东亚日报》斗争委员会委员长安钟弼说："新时代到来时，我们必须通过全民出资的方式，建立一个人民当家作主的报纸媒体。而要真正成为人民的报纸，它应该是只使用韩文印刷（当时的报纸普遍大量使用汉字），这样任何人都可以轻松阅读。编辑也不应该像现在这样分政治、经济、文化，而应该是名副其实的全能编辑。应该废除现行的政府准入制度。有人说，以政府为中心的报道过多，并不能很好地反映民意。"[①] 但是，这种尝试没能成功。

在这6年后的1985年3月，《朝鲜日报》斗争委员会成立10周年的宣言中，再次提出了"建立新媒体机构以取代建制媒体"的口号。1987年6月民主化后，准备新报纸的出版工作正式启动，准备新报纸出版的组织称为"新舆论创办研究小组"。创刊小组提出以公众参与、编辑独立，全韩文编辑，保障读者的反对权等出版计划的主要内容，以此为雏形成立了"创刊启动准备委员会"。

196名被解雇的记者筹备了首批启动资金。发起人大会决定"通过向全民众筹的方式筹资，系统地保证新报纸独立于政治权力和特定资本"。这样是韩国媒体史上史无前例的。1988年5月15日《韩民族日报》创刊。创刊初期有63,000人作为国民股东参与，筹集了192.5亿韩元。《韩民族日报》采用直编制，记者宣布拒绝收受贿赂。

---

① 权根洙（1998），《想要改变世界的人》，韩民族日报。

《韩民族日报》倡导"报道真相,拒绝请托,做真正的媒体人"的道德规范给媒体行业带来了一股清流。

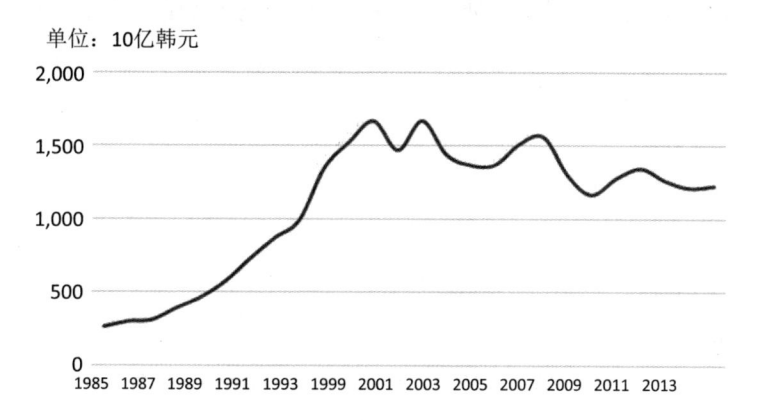

图 4-2　主要日报的销售额增长趋势

出处:韩国文化体育观光部,《报社财务分析》(2012,2015)。

《韩民族日报》的出现极大地推动了各道市地方共同体报纸的发行。1988年12月,《洪城新闻》《高阳新闻》《玉川新闻》《晋州新闻》《南海新闻》《雪岳新闻》《海南新闻》《罗州新闻》《西归浦新闻》都以《韩民族日报》为榜样创刊了。当然报纸还不可能像YouTube那样允许一般人去创作自己的内容。这些报纸大部分是由民间社会活动家主导、社区媒体作为主要活动场所而建立的。

报纸的发行量从1987年的32种增加到1988年的63种,到了1992年已经达到117种了。[①] 报业媒体突然进入了竞争体系。业绩竞争、版面竞争、新技术竞争等,争夺及确保广告商的竞争变得愈发激烈。特别是随着信息技术的发展,采用了数字化生产方式CTS

---

① 郑进锡(1992),"6月29日宣言在媒体史上的意义",《报刊与广播电视》7月号,20-25。

（Computerizing Typesetting System），报纸的编辑和生产实现了数字化。此外，数据库建设、独立信息服务中心运营等各项活动也随之增多。随着报纸公司之间的竞争加剧，各期刊的销售额也随之增加了。

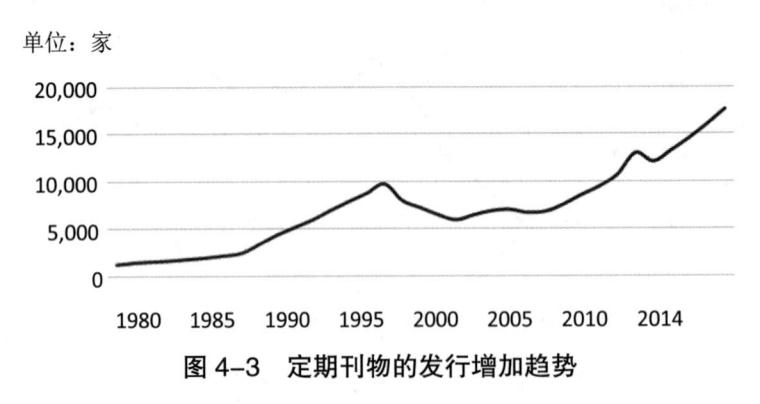

图 4-3　定期刊物的发行增加趋势

出处：KOSIS（韩国文化体育观光部，定期刊物登录情况）

周刊和月刊从 1987 年的 201 种和 1,203 种分别增加到 1992 年的 1,561 种和 2,745 种。纸面媒体经历了野蛮生长无限扩张的膨胀期。

但广播电视公司却没有增加。因为要设立一个新的广播电视台必须分配一个频率，而这是国家资源不能随意分配。此外，信息技术还没有达到新媒体时代。影音媒体业认识到自治的价值，摆脱政府的干涉与管理，视公共性为重要的价值，讨论的重点聚焦在如何建立公共性这个方面。因此，其主要体现在确立 KBS 和 MBC 等官营广播电视台体系上。

成立媒体工会

1987 年 10 月，《韩国日报》的记者成立了第一个工会，11 月《东亚日报》的记者也成立了工会。之后，其他报纸和广播电视台也相继成立了自己的工会。作为广播电视公社，MBC于1987年12月成立了工会，1988年5月KBS成立了工会。1988年11月，全国媒体总工会成立。

媒体工会自成立以来就具有政治色彩。一般的工会关注劳动者的工作条件、工资等福利，但媒体工会最初就是从一个政治组织出发的。这是因为1980年代媒体工会的出现是为了应对政府对媒体的巨大施压。因此，媒体工会把确保新闻的自由和独立性发在首位去捍卫。为了摆脱政府和经营管理层的干预，确保独立的编辑权利，通过公正公平的报道保障人民的知情权，媒体工会参与了韩国的民主化进程。这在媒体工会的成立宣言中体现得淋漓尽致。作为第一个媒体工会组织的韩国日报工会宣布成立，他们说："我们立志确立正确的劳资关系，进一步发挥媒体在社会民主化进程中的重要作用。"[1]

KBS工会表示："时代要求KBS不再只是政府的喉舌，而是做一个真正的人民的和国家的广播电视台。KBS迫切需要摆脱旧官僚、专制和权力导向的形象，诞生一种以人为本、以大众为导向的新形象。"[2]MBC表现出类似的看法。在工会成立的宣言中，"我们的公共广播电视不能是代表权力垄断，政府的工具，仅有一块'公共服务'招牌，我们正被我们的观众们唾弃和批评，因此，我们必须彻底纠正已扭曲的价值观和改变现行的广播电视体系。"[3]

正因为如此，媒体工会从一开始就打上了政治烙印，具有政治色

---

[1] 《韩国日报工会成立宣言》。1987。
[2] 《韩国电视台工会成立宣言》。1988.5.20。
[3] 《文化电视台工会成立宣言》。1987.12.14。

彩。广播电视台工会特别注重公正报道和禁止权威干涉。关于公正报道的问题，观众群体也加入了讨论并扩大为政治运动。例如，1990年KBS工会声援全国教职工工会与总统抗争。媒体从业者的罢工产生了巨大的社会反响。

1988年举行了讨伐清算第五共和国（1979—1987，金斗焕政权）腐败的听证会。其中与第五共和国腐败调查、光州民主化运动事实调查、三清教育大学问题等一起被包含进来的还有媒体整合的真相调查。

市民社会的形成

随着1987年6月的民主化运动，市民社会开始正式形成。在市民社会形成之初，民主化事业是核心。它注重尊重和扩大个人的人权和自由，摆脱威权时代对个人自由的限制。自由和人权的传播是当时市民社会形成的一大动因，民主化运动就是围绕着这一点展开的。成立于1987年6月的"全国教授民主化委员会"在其成立宣言中指出："正视学术自由和大学自治与社会民主化之间的关系，并为同时达成这两个方面的目标而努力。"[①] 这很好地体现了市民社会的形成是一个自由民主化运动的过程。

民间社会在监督选举报告、提高市民意识和改进法律的运动中取得了成果。这一趋势是通过媒体教育的普及从而扩大了对市民权利的意识形成了制度的基础。媒体教育作为重要的一环被激活。民主舆论运动委员会于1991年11月开设了第一所舆论学校，向市民传递新闻

---

① 《为实现民主化成立全国教授协议会的目的》，http://www.610.or.kr/610/timeline

的重要性和媒体所处的现实，每年培养四批毕业生。此外，通过开设监督教室培训专业的媒体监督人，扩大了市民参与的媒体运动。他们还率先倡导了受众抗议不公的报道。

05　传媒产业化发展

整个20世纪90年代,媒体作为一个产业得到了飞速地发展。在政治上,随着民主的传播,对自治和自由的关注逐渐提升。1990年代韩国经济飞速增长。韩国于1996年加入了经济合作与发展组织(OECD)。随着经济的持续增长媒体行业的规模也越来越大。媒体作为一种社会和文化影响力的价值特别是作为一个产业的价值开始成为重中之重。

传媒行业的全球化

1990年代,受到世界市场扩张的外部环境影响,世界媒体面临着媒体市场全球化的机遇。正是新的信息和通信技术(ICT)的进步带来了这种新机遇。1994年,美国副总统戈尔提出了"全球信息基础设施(GII)计划"。该计划旨在将世界用信息和通信技术联系起来,以便世界公民能够从信息和通信中受益。为此,戈尔副总统提出了五项原则。第一,促进私营部门投资;第二,竞争;第三,允许所有信息提供者获取用户信息;第四,放松管制以应对快速的技术发展和市场变化；第五，普及信息服务。① 该原则是遵循自由市场经济原则提出的。

信息和通信技术成为改变和发展媒体的主要驱动力。它将传媒产业从传统媒体转变为以数字为核心、连接世界的产业结构。媒体公司试图开发新市场以应对新媒体的出现和媒体融合。互相竞争的媒体服务提供商通过多元化战略进入市场或进入具有未来高增长潜力的新市场。企业通过垂直整合内容和平台来扩大规模。就像迪士尼、新闻集团在内的全球媒体公司业务领域涉及方方面面，包括无线和有线广播电视、好莱坞电影和电视剧、DVD、报刊、书籍和主题公园等。之后卫星频道的开播，有线电视在付费内容方面实现了飞跃，宽带电视和先进的通信网络也开启了频道多元化的新时代。

在日本，1989年NHK开播了两个卫星电视频道BS（Broadcast Satellites）1和BS2，自此开启了亚洲全面卫星频道的时代。1991年，日本广播电视协会下属的民营频道WOWOW也开始使用通信卫星播放节目。1991年，香港星空卫视开播。1993年，默多克收购了星空卫视，并开始构建全球卫星频道传输网络。亚洲的这种卫星频道在韩国直接可以收看。据统计，1994年韩国约有400,000户家庭在收看卫星频道。

英国的卫星频道开始得更早。自1980年起，英国开发出一种通过发射卫星来传输广播电视信号的方法。1983年，鲁珀特·默多克通过英国卫星电视公司（Satellite Television UK）开始涉足媒体，1989年扩展为天空电视台，1990年与另一家卫星广播电视公司BSB（英国卫星广播电视）合并成为BSkyB。

---

① 国家电信和咨询局（NTIA）（1995）. 全球信息基础设施：合作议程. https://www.ntia.doc.gov/report/1995/global information-infrastructure-agenda-cooperation

有线电视也开始超越以前单纯有线转播。在有线广播出现的早期，它是通过电缆在没有接收信号的地区传输无线电视内容用的。然而，随着有线网络传输容量的增加和对频道需求的增加，迫使有线电视独立成为一种新媒体形式。美国是第一个。自1980年代以来，美国有线电视就已发展成为一种不同于无线广播电视的付费电视形式。HBO（Home Box Office）、ESPN、Showtime、MTV、迪士尼、CNN等付费有线频道陆续上线。1990年，有线电视订阅率大幅提高至56.8%，成为付费媒体的先驱。

尽管欧洲的有线电视普及率相对较低，但随后各国采取了推动新媒体增长的政策。1987年，英国是世界上第一个允许有线电视提供电话服务的国家。

在此背景下，互联网宽带电视（IPTV）成为付费电视新的竞争对手。对于电话业务已达到极限的运营商而言，宽带电视是一个新的突破。这是电信运营商进入媒体行业的新机会。

在信息通信技术发展的背景下，全世界通过卫星电视、有线电视和宽带电视扩大了传媒产业的规模。传媒产业开始被认为是一个重要的新兴产业。媒体的"产业价值"变得更加重要。

广电系统研究委员会呼唤市场价值

韩国也开始关注到全球媒体行业的变化和发展。政府于1989年在韩国广播电视委员会下设立了广电系统研究委员会，旨在应对变化发展的全球媒体环境，并顺应这些变化提出新政策。广电系统研究委员会是韩国第一个允许各界专家讨论和提出广播电视政策的组织。它也是以英国或欧洲媒体决策委员会为蓝本成立的机构。

从1923年在英国成立的Sykes委员会到专为研究BBC财务问题而成立的Peacock委员会,在重大媒体政策上将社会各界专家聚在一起研究然后提出政策建议的传统被延续了下来。① 由此之后,政府在其他领域也不再独断独行,而是成立研究委员会,让各界专家献计献策。

广电系统研究委员会召集了韩国各界专家,对现有的广电系统和政策问题进行讨论,并提出新的广电系统建议。这是韩国头一次能够通过广播系统研究委员会将广电理念和价值进行整理。广电系统研究委员会坚信的广电理念有:第一,传达对自然、社会和人类的正确观点;第二,它应该鼓励每一位用户都积极分享真情实感,将大家凝聚成为一个可以建立互信的共同体;第三,应该为促进人类成长和价值观的确立做出贡献②。并且实现这些理念即为公益性最大化。公共利益被概括为实现国家主权、促进公共福利、公平、多样性和平衡。广电系统研究委员会将公共利益视为重中之重。

此外,他们认为各种传媒产业是相辅相成的,只有良性竞争才能增加产业价值。广电系统研究委员会认为官营媒体和民营媒体应相辅相成。由于民营媒体在资金来源与公司所有制方面均与官营媒体不同,它可以提供多元的媒体服务和各种丰富的节目,通过互补或竞争来满足多元的社会需求。运用市场经济原则可以提高广电系统的效率,振兴整个广播业。在扩大节目制作和供应的同时,同时也鼓励原创活动

---

① Negrine, R. (1994),《英国的政治和大众传媒》,伦敦:Routledge。
② 广播电视制度研究委员会(1990),《广播电视系统研究报告:面向21世纪的韩国广播电视发展坐标》。

和独立制作，提高节目的国际化发行。民营媒体可通过其作为广告媒体的功能为经济发展和促进消费做出贡献，在扩大传媒行业规模的同时也为国民生产总值做出贡献。

广电系统研究委员会的建议在很大程度上改变了整个韩国广电系统。韩国教育广播电视公司等新的民营媒体公司成立。委员会的职能得到了加强，拥有颁发许可证和批准民营广播电视台的权利。建议将韩国广播广告公社改组为广告代理公司，即媒体代理（Media Rep）机构，并将广告公益基金转换为广电发展基金。此外，有线电视和卫星电视也被认为是大势所趋。

这些政策建议中的大多数当时都没有被采纳。主要问题出在民营广电许可上。不过一段时间以后，这些建议都被陆续采纳了。这表明广电系统研究委员会的讨论和建议忠实地反映了媒体环境和政策方向的变化。

1990年，当时的广电系统研究委员会将公益性的媒体价值和产业化的媒体价值认为是互为补充的价值，但逐渐的，政府和媒体业也开始将媒体的"产业价值"视为更重要的价值体现。继广电系统研究委员会之后，政府成立了一个又一个的研究委员会，特别是借用社会讨论去制定一些媒体政策。

另一个广播政策研究委员会，即1994年成立的"先进广播政策咨询委员会"认为，"进入90年代，广播电视产业正在成为决定21世纪国家竞争力的重要产业。我们正处于重整广播电视产业市场的进程中。"[1]为迎接世贸组织启动后开放的世界贸易体系，国内广电业

---

① 先进广播电视政策咨询委员会（1994），《先进广播电视政策咨询委员会报告》。

应加强自身的竞争力和国际竞争力。此外，"媒体与通信的融合""多频道多媒体"等概念也是在这个时期成为媒体的关键词的。

表 5-1　1990 年代成立的广播电视政策研究委员会

年度	名称	主要内容
1990	广播电视制度研究委员会	广播电视整体政策谏言
1994	官营广播电视发展研究委员会	官营媒体改革
1994	先进广播电视政策咨询委员会	新媒体引入
1999	广播电视改革委员会	《广播电视法》修订

这成为韩国媒体大讨论的一个重要转折点。在这之前，媒体一直被视为停留在公共领域。尽管一些媒体公司出现以后媒体行业得到相当程度地发展壮大，但媒体治理的话题始终没有脱离媒体的公共性。终于，媒体行业也开始强调行业自身的价值。举个例子，广播电台这个词的含义可以很好地说明这点。广播电台的概念中，"台（局）"一直是指作为政府部门机构之一的含义。这是受到政府控制下的广播历史的影响，例如日本殖民时代在韩国开始的"京城广播站"和解放后的"中央广播站"。广播电视在摆脱了政府的直接影响后，作为官方媒体的形象依然留存，也依然使用广播电台这个词。之后，随着广电行业比重的增加和广电公司高管层的作用越来越重要，媒体的"运营商"的地位也越来越被重视起来。

私营媒体运营商的扩张

媒体行业强调竞争和自主的价值。在广播电视方面，从现有的官营系统转变为引入私营的混合系统,其结果就是广播电视公司的绝对数量增加了,而且还创建了很多独立的制作公司。随着独立制作公司比例的增加,越来越多的节目出口海外。特别值得一提的是私营广播电视公司的许可变化。

1990年6月,政府宣布了一项改革广电系统的计划。政府宣布私营媒体在首都圈也可以收看到,首尔广播电台也从KBS电视台分离成为私营媒体机构。而且政府还发布了禁止大公司参与新的私营媒体并将股权限制在49%或以下的指导方针。随后,政府开始了新的私人媒体的许可程序。其结果是,以泰荣为大股东的首尔广播(SBS)获得了许可。SBS成为韩国媒体行业一匹黑马,打破了之前的安逸氛围。

表5-2 3家无线电视台的事业收益与制作费所占比重(2008—2011)

(单位:亿韩元)

机构	年份	2008	2009	2010	2011
KBS	事业收益	10,501	10,531	13,340	13,701
	制作费	3,126	2,449	2,861	3,082
	比重	29.8	23.3	21.4	22.5
MBC	事业收益	6,471	5,677	6,569	7,759
	制作费	2,004	1,631	1,790	2,294
	比重	31.0	28.7	27.2	29.6
SBS	事业收益	5,153	5,092	6,283	6,638
	制作费	2,382	2,009	3,631	3,063
	比重	46.2	39.5	57.8	46.1

出处:郑龙灿等(2012),《广播电视市场竞争情况评价》,信息

通信政策研究院。

SBS 于 1990 年 3 月开播，通过制作和编排不同于其他频道的节目来增进多样性。通过各种节目创新和试验，利用民营媒体的特点，激发现有广播的活力。在此之前，公共广播公司的主要晚间新闻在 9 点播出，SBS 以 8 点新闻独树一帜。自 1995 年 1 月起播出 6 周的电视剧《沙漏》在当时获得了轰动，引发韩国国民的"沙漏综合征"。据说《沙漏》播出时间是万人空巷。从 2008 年到 2011 年，三大电视台的制作成本占营收的比例分别为 KBS 是 21.4%—29.8%、MBC 是 27.2%—31.0%，SBS 是 39.5%—57.8% 在三台中最多。2010 年，SBS 在制作成本上的投入已经超过了 KBS。它还通过剥离包括有线电视 PP 在内的多个频道，在多频道领域也发挥了驱动作用。

1990 年 4 月份天主教基金会的和平广播电视台，5 月份佛教基金会的佛教广播电视台也获得了许可。1990 年 12 月，教育广播电视台正式成立。

政府还允许各个地方行政区创办私营媒体。这是基于各地区没有自己电视频道的现状以及各地居民对多样化的信息和文化的需要而允许民营地方媒体成立。1995 年，釜山放送、大邱放送、光州放送、大田放送作为首批地区民营媒体公司开播。这些地方民营公司与 SBS 建立了网络关系，接收一些主要节目，以确保稳定的节目管理。1997 年，仁川放送、清州放送、全州放送、蔚山放送等第二批民营广播公司也开播了。

单位：百万美金

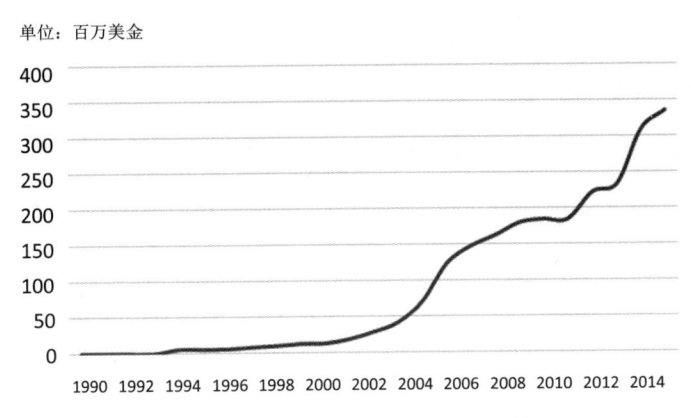

```
400
350
300
250
200
150
100
 50
  0
    1990 1992 1994 1996 1998 2000 2002 2004 2006 2008 2010 2012 2014
```

图 5-1　广播电视节目出口增加趋势

出处：广播电视通信委员会，《广播电视产业实态调查报告》《内容产业统计》《电视影像进出口统计》等。

此外，独立制作产业也得到了极大的振兴。为培育独立制作产业，政府 1991 年首次提出并实施对外包节目保障一定编排比例的强制政策。1991 年开始强制必须加入一些独立制作节目，1994 年，则单独标注独立制作企业的节目，到 1998 年逐步扩大独立制作节目比例等分步走的形式扩大独立制作的节目比例。2000 年的《广播电视法》首次规定了独立制作节目的编排比例。此外，韩国放送委员会表示，自 2001 年起，独立制作节目的比例应每年提高 2%，直到达到《放送法实施令》中规定的 40% 的上限（《放送法实施令》第 58 条第 1 项，2004 年 9 月 17 日修改）。然而，随着广播电视台于制片人之间关于独立制作比例的争论，韩国放送委员会在 2005 年将独立制作比例冻结在 35%。该政策的实施对独立制作行业产生了很大影响。出现了许多独立制作公司，节目制作空前活跃。前后出现了 300 多家独立制作公司。大型独立制作公司也出现了。在电视剧和纪录片领域，它已经发展到独立制作公司能主导电视台的地步。节目制作人离开广播电视台，开始成立独立制作公司，电视台也开始分离节目制作公司，整个产业结构发生了变化。

随着传媒产业的价值提升，韩国媒体开始放眼国际。1991年播出的电视剧《爱情是什么》，并在1996年首次出口中国。该剧通过中国中央电视台在中国各地播出，广受好评。这成为向世界展现韩国高质量节目的机会。之后《儿子和女儿》出口中国和越南，《你和我》于1998年出口中国。随着韩剧走进中国、日本、东南亚市场，韩国开启了内容全面输出的时代。

以电视剧为中心的出口最终创造了一种叫做"韩流"的文化现象。2003年NHK在日本全国播出的《冬季恋歌》成为韩流爆发式增长的原动力。

报纸也多样化发展而且专业性也提高了很多。除全国性的日报以外，专业性强的报纸也多了不少。《每日经济》和《韩国经济》与日报一样发展壮大，在提供经济领域的专业信息方面发挥了作用。2018年，《东亚日报》《中央日报》《每日经济》《韩国经济》紧随其后。[①] 海外的美国《华尔街日报》、英国《金融时报》和日本的《Nihon Keizai（日本经济）》等也是大型综合类的报纸媒体，具有全球权威性。韩国经济报刊的增长也反映了对经济信息的需求增加，经济信息的绝对量随着经济增长而增加的情况。

同时，在特种报纸领域值得关注的报纸是《电子新闻》。《电子新闻》早先作为周报《电子时报》被推出，后来它转换为日报持续到今天。这反映了由于1990年代信息和通信领域以及电子工业的发展，

---

① 韩国ABC（2019），《2018年日报发行量和付费发行量》。

信息需求爆发式地增加。《电子新闻》很好地展示了韩国的 ICT 发展和现状，在报纸的多样性方面也很有意义。

报纸媒体的产业价值也随之增加。媒体工作者也很快意识到了这种影响。在韩国报业财团于 1999 年 8 月对全国报纸、广播电视公司和通讯社的 703 名记者进行的记者意识调查数据显示，"来自公司管理层和广告商的压力"被选为限制自由报道活动的最大因素(15 满分, 9.03 分)，其次是"媒体内部的限制或压力"(8.59 分)，"政府影响或控制"(7.69 分)和"媒体立法和政策"（6.41 分）则相对较低。[1] 结果与 1980 年代时政府影响或控制是最大影响的结果完全相反。这是媒体治理的一个重要变化。市场和民营企业治理开始比政府或公共部门更重要了。

因此，出现了将媒体视为另一种力量的趋势。"新闻力量"一词应运而生。极端地说，"新闻市场的权力来自于对新闻自由的垄断，甚至可以影响国家权力。他们的权力远远超出了媒体作为社会批评的功能，是仅次于国家的权力。"[2]

媒体行业的不公平问题首次被提出。1993 年，公平贸易委员会首次涉及报业市场的不公平交易行为。1993 年 1 月首尔地区的 12 家报纸同时上调了月订阅费，报业协会下属的广告委员会统一确定广告代理机构的资格要求和收费标准。公平贸易委员会指出，这是限制市场竞争的不正当行为，并下令整改。

媒体之间的竞争也浮出水面。由于报纸和广播电视公司的主要财务来源都是广告，因此报纸和广播电视公司之间对广告收入的竞争加剧。报纸通过增加版面来增加他们的广告量。1988 年，综合日报的广

---

[1] 金周彦（2008），《韩国媒体控制》，Rebook 出版社。
[2] 金承洙（1998），"广播电视重组的真正含义"，《新闻批评》，24，28-35。

告比例为44%，1993年增加到54%，1994年增加到接近60%。随着报纸广告数量的增加，广播电视公司业试图增加广告时间，随即双方开始互相批评。1994年4月，MBC出现批评报纸文章少、广告多，刊登高利贷广告等不负责任的广告内容，他们不择手段地提高广告收入，浪费版面资源。对此，韩国报业协会回应称，MBC的报道使公众对纸面媒体产生了不信任和误解。[1] 每当有人提出是否延长播出时间或允许在节目中播放临时广告的问题时，就会出现报纸与广播电视台之间的口水战。

随着媒体运营商数量的增加，他们看到了激烈的竞争环境。传媒产业并购频发，不公平竞争也增加了。媒体经历了产业化的过程。

迅速发展的市民社会

在传媒产业化的同时，市民社会也在成长。然而，随着媒体各领域的发展和产业化进程，市民社会也开始更多地参与媒体。特别是市民社会与媒体劳工运动的联合。市民团体已经开始表现出激进的面貌，通过影响修订媒体相关法律，在政治斗争中发挥主导作用。这主要是由于很多媒体人就是从学生运动出身的。这些学生运动者进入公共系统，包括媒体、教育、法律界和企业等社会各界，特别是他们大量进入媒体、教育、政治、工会和市民社会等，发挥出重要影响力。这使得市民社会的意识形态发生了彻底的变化。

以学生运动为中心的激进主义开始对韩国社会产生影响。运动圈

---

[1] 金承洙（1995），《韩国传媒产业理论》，纳南出版社。

分为 NL（National Liberation，民族解放民众民主主义革命论）和 PD（People's Democracy，人民民主主义革命论）进行思想斗争，NL 成为多数，成为运动的中坚力量。NL 采取了群众运动路线，积极参与政治圈、媒体和工会。从 1997 年总统选举开始，他们开始获得政治权力。他们还进入了媒体行业并扩大了影响范围。《韩民族日报》就是一个典型的例子。《韩民族日报》的一位高管说："民族解放 NL 和人民民主 PD 并没有特别大的区别。但如果一定要分的话可能《韩民族日报》更倾向于民族解放 NL。"[1] 1995 年，全国工会联合会（KCTU）成立，民族解放一直是主流。[2] 全国工会联合会的成立提供了一个机会，将民族解放的流行路线烙印在公众和劳工运动中。全国媒体工会隶属于全国工会联合会。

自由民主的开放空间自相矛盾地为左翼运动的大众化开辟了道路，从根本上发展了市民社会并影响了媒体。

1992 年 2 月，选举报道监督连带会议成立。民主新闻运动协议会、KNCC 新闻对策委员会、韩国女性民友会、韩国社会舆论研究会和中央新闻研究会参加了会议。他们制作了 23 份在报纸、电视和广播（2 月 20 日至 3 月 23 日）上与选举相关的报道进行的监测报告，深度介入了竞选活动。此外，他们还开展了一系列的媒体抗议活动，例如访问媒体抗议和打抗议电话、举办座谈会和街头宣传等。

民间社会则持续反对传媒产业化。民间社会将媒体的公益性视为最重要的价值，对媒体商业化持批评态度。民间社会也反对民营广播电视台的出现。这种理念取向是前所未见的。批评媒体在自由市场经

---

[1] 朴赞洙（2017）上一本书。
[2] 方仁赫（2009），《韩国转型运动和意识形态争议》，松树出版社。

济下的运作；批评媒体行业问题的活动成为市民活动的中心。

1993年，MBC将日常节目"亲亲亲"的儿童节目改为每周一次，民间市民团体发起了在平日恢复播出"亲亲亲"的运动。1997年在首尔YMCA观众运动总部的领导下，10个组织参与了街头宣传和签名活动。他们将7月7日定为"关掉电视日"。之后，它又衍生成为一个抵抗媒体运动传播开来。关掉电视的运动受到了市民的欢迎。电视台收视率较前一周下降了4.7%，每户收视时间减少30分钟。因此电视台必须应对观众的这种反应，结果导致了节目质量的提高和更重视关注的反应。

表5-3 公民舆论运动案例

分类	目标	案例
内容监督	- 监督低质节目 - 批判偏颇，歪曲报道 - 保护少数人群的权益	- 关掉电视运动（1993） - 选举报道监督运动
舆论媒体监督	- 监督舆论媒体的经营与编辑	- 拒绝缴纳收信费（1986—88） 信息公开运动
法制再修订	- 低质广播电视退出 - 保护儿童和青少年	- 广播电视改革国民会议，舆论改革公民联代的媒体关联法律修订运动 - 女性民友会儿童电视法修订运动
媒体教育	- 批判性媒体教育 - 媒体调查教育 - 媒体制作教育	- 民主舆论联合舆论学校，YMCA，女性民友会，影像媒体中心等各种团体的教育课程
替代媒体	- 确保公民参与	- 国民为主的媒体成立运动 - 障碍人视听频道成立运动 - 媒体中心成立运动

出处：崔英木（2005），《公民媒体论》。

市民社会进一步扩大了其活动范围。它提高公众对民间新闻运动必要性的认识，在全社会传播媒体改革运动，为媒体教育的普及和永久化奠定了环境基础，引导地方新闻的自主发展运动，民间新闻运动和媒体。随着劳工运动的联盟和《媒体关系法》的修订，市民社会得到了扩展，特别是出现了以媒体为主要活动领域的组织。此外，1998年左翼政府上台时，它直接参与政府决策。这就是媒体改革市民联盟积极参与政府成立的广播改革委员会并在法律制度准备方面发挥核心作用的情况。

06　信息化与新媒体

有线电视、卫星频道等是在传统报纸和广播电视之外出现的新媒体。新媒体迎来了多媒体、多渠道的时代。它为韩国社会的各种声音和舆论打开了一扇窗，而且不仅限于媒体领域，所以意义重大。在新媒体领域，市场开始发挥重要作用，而不是以前的政府。与以往相比，政府的直接控制力和影响力有所下降。这是由于受到新自由主义政策的影响。政府内部也出现了舆论宣传部门与产业部门发生冲突的情况。产业部门更热衷于扩大市场和刺激竞争。这显示了从专制时代的集中领导向市场自治的转变。此外，信息化时代的大潮和信息化国家战略也对新媒体发展产生了影响。

媒体融合的世界趋势

1990年代之后，广播电视和通信开始在全球范围内融合。随着网络技术的发展，广播电视网和通信网的带宽得到了拓宽，发展了上下双向的信息传输技术，可以在同一个网络中同时处理多种业务。因此，媒体融合也扩大了公司的服务范围。有线电视运营商可以进入电信业务或提供电信服务，电信运营商也可以提供媒体服务。

在英国，《有线电视广播法和电信法》已经在1984年进行了修订，在世界上首次允许有线电视运营商提供电话服务。这是有线电视业务发展的政策变化。与卫星电视相比，有线电视业务相对较弱。因此，在 1996 年，114 家有线特许经营许可运营商中有 109 家有线运营商提供电信服务。

英国政府于 1996 年进一步修订了《广电法》以应对新媒体环境。媒体所有权制度大大放宽，电视台的参股标准由转播机构数量变为收视份额。此外，通过废除报纸不能参股电视台超过 20% 的规定，打破了报纸、广播电视和电信之间的壁垒，形成了多媒体的发展环境。

美国政府通过建设信息高速公路，采取了优先发展信息和通信领域的方向。继 1993 年制定国家信息基础设施（NII）建设计划之后，美国又宣布了将其扩展到世界先进水平的全球信息基础设施（GII）计划。美国借此引领世界信息化进程，并以此为契机，引领全球经济霸权。它希望将其在微软、甲骨文、思科等软件领域的竞争力扩大到全球市场。美国政府对国内市场开放外资投资，并强烈要求各国按照互惠原则开放市场。

体现这一系列积极变化的是美国政府对《1996 年通信法》的重大修订。《1996 年电信法》打破了以前分离的长途电话、本地电话和有线电视公司的壁垒，允许相互进入并取消了所有权限制。因此，电话公司可以通过通信网络或卫星提供有线电视节目和视频服务。

自 1995 年以来，美国媒体的版图已经发生了巨大的变化，如华特迪士尼收购了 ABC 电视台（190 亿美元）、西屋电气收购了 CBS 电视台（54 亿美元）、时代华纳收购 TBS 电视台（75 亿美元）。对电视台的所有权限制也大大地放宽。《1996 年通信法》之后，广播电视台、电信运营商和互联网公司之间发生了大规模的并购。[1]

日本政府试图改观卫星电视相对发达、有线电视相对不发达的局面。为了推广有线电视，日本政府取消了对运营商本地化的要求，放宽了对服务区域限制、大企业参与、MSO（Multiple System 多平台运营商）和电信公司等的事业准入的门槛。1994 年，日本邮政省通过发布《有线电视电话业务商业化指导方针》，允许有线电视经营者同时运营一些电信业务。[2]

德国政府于 1996 年颁布了《多媒体法》，以应对新媒体环境。德国始终维持着双轨制，即州政府负责广播电视，联邦政府负责电信。然而，随着广播 – 通信融合多媒体的普及，就需要建立新的法律体系来应对。联邦政府与州政府就对多媒体服务领域拥有共同的监管权上达成一致。其中，联邦政府负责数据服务、电子邮件和电话银行业务，而州政府负责付费电视、PPV 和 VOD。

此外，在 1997 年，德国通过"第三次广播修订国家条约"承认了双重媒体的所有权，并推动放松管制以确保自由市场准入。同时，改变对现有的媒体所有权限制方式，诸如股权限制、频道数量限制等，切换为收视率方式。此外，还成立了媒体集中审议委员会）KEK, Kommission zur Ermittlung der Konzentration im Medienbereich）来监督媒体。所有这些都是放宽所有权限制的措施。[3]

全世界掀起了一股媒体融合的浪潮，并开始建立应对它的制度体

---

[1] 赵信，等（1996），《制定电信与广播融合的中长期政策措施（2）》，信息与通信政策研究所.
[2] Sugaya, M. (1995)."日本的有线电视和政府政策"，《电信政策》，19(3)，233–239.
[3] Just, N. (2009)."衡量媒体集中度和多样性：欧洲和美国的新方法和工具"，《媒体、文化与社会》，31(1), 97–117.

系。特别在1995年和1996年期间，主要国家放松了对媒体所有权的限制，并推动了应对媒体融合的制度安排。

韩国的信息化建设与有线电视的创新

韩国政府也认识到了世界发生的这些变化，并准备应对。政府在1987年通过第13届总统选举公约提出"允许建立民营有线广播电视台"。在这之后，广电系统研究委员会还讨论了有线电视制度建立问题。然而，这一计划却被推迟了。

与此同时，信息和通信领域也发生了革命性的变化。递信部在信息通信领域推行了富有挑战性的政策。韩国递信部于1976年决定自主开发时分交换机（TDX），这是一个具有历史意义的转折点。即使在世界上也只有少数发达国家拥有该技术，韩国决定不从发达国家引进，而是进行自主研发。在经历了多年的质疑之后，韩国终于成功地开发了TDX时分交换机，为信息化奠定了基础。从1987年开始推进国家重点计算机网络工程，以当时韩国的实力来看，这是一个非常艰巨的目标。但是，通过在行政、财政、国防、公安、教育科研等五大领域建立计算机网络，一方面是提高了国家机器的运行效率。另一方面，也实现了发展信息通信产业的目标。[1]

顺应这一发展方向韩国政府在1990年代成功推进了CDMA（码分多址）移动通信服务。当时，世界移动通信技术的标准是TDMA（时分多址），韩国制定并发展了CDMA系统，成为移动通信的世界领

---

[1] 郑洪植（2007），《韩国IT政策20年：从一千美金到一万美金的时代》，首尔电子新闻社。

先者。韩国创造了世界上第一个CDMA服务商用化。韩国的信息化已经跃升到世界一流水平，开始引起世界各国的关注。

在这种情况下，1994年韩国政府将递信部扩大改组为信息通信部，将信息通信作为国家的重大战略领域。信息通信部负责推进国家社会和信息化工作，推进超高速信息通信业务。信息通信部于1995年8月颁布了《信息化促进基本法》，制定了信息化推进基本方案，并确立了到2010年实现世界一流信息化的愿景。1995年以来，高速信息通信网得到推广。尽管韩国早期对数据通信的需求不大，但韩国设定了在先进国家之前建设世界上最好的电信基础设施的目标，并只用了5年时间就建成了世界上最好的ICT基础设施。[①]

与ICT的发展不同，有线电视长期以来一直停留在转播无线电视节目的水平。有线电视根据1961年的《有线电视接收管理法》发展过来。有线电视除简单地转播无线电视节目以外，每天只允许再进行2小时以内的转播。不允许录制新节目或开设新频道。有线电视业务必须获得公报处的许可。

执行这种老办法是因为政府仍然从无线电视的角度去看待有线电视，不承认它是一种创新服务。有线电视既是放送又是舆论的观念仍占主导地位。韩国的有线电视发展远远逊色于其他国家，海外从1970年代开始就提供新的有线电视频道，很多外国公司通过互动和宽带特性提供信息和通信服务。

然而，政府的信息化推进政策，也让有线电视的地位发生了变化。由于世界主要国家都在使用有线电视网络作为电信服务，韩国很清楚

---

① 黄宗成（2007），"韩国式信息化模式探索"，《信息化政策》，第14卷第4期，4-19。

这一全球趋势。处理信息和通信的政府部门递信部开始主张，考虑到技术的进步和服务的多样化，应将有线电视视为包括广播电视和通信服务的媒体。有人认为，有线电视作为信息社会中的一种新媒体是非常重要的，从奠定信息和通信基础的角度来看，它具有巨大的产业和技术连锁反应。①

将信息化政策作为国家主要战略的政府最终重新审视了有线电视频道的功能。但是，主管有线电视的公报处则从舆论和宣传的角度看待有线电视。当然，公共信息服务也是不能忽视的新媒体和传媒产业的价值。因此，它处于一个模棱两可的境地，不得不考虑媒体行业的经济价值，同时也仍然看重媒体的公共价值。

最后，政府表示新媒体的引入对于应对因信息和通信技术的发展而迅速变化的媒体环境至关重要，在这一全球趋势中韩国不能再落后。在无线电视频率饱和的现实中，承认仅靠无线电视是无法满足各种专业信息需求的，需要引入有线电视、卫星频道等可利用多频道的新媒体。此外，建立全面的信息通信网络作为未来传递海量信息的手段在我们的社会中是必不可少的，而有线电视可以作为关键媒介发挥作用。

此外，有线电视也是应对和防范外国卫星频道渗透韩国的必要条件。在日本等外国卫星频道越境播放（spill over）的情况下，对外国文化的依赖现象已经不容忽视。政府宣布将推动引入新媒体以进行积极应对。② 换言之，新的有线电视政策是考虑对新媒体环境的反应并承认当时需要应对外国卫星广播越境播放的结果。此前，韩国广播电

---

① 宋哲燮（1990），"有线广播电视的现实和综合有线广播电视的引入"，《大韩通信学会会刊》，第 7 卷第 4 期，88-97。
② 公报处（1996），《有线电视白皮书》。

视委员会于1989年成立的广电系统研究委员会也认为有线电视具有产业和技术的连锁反应和文化的必要性。需要强调的是，在激活有线电视的同时，也同时带动了软件行业相关领域的市场开发和就业的增加，更不用说硬件，也就是强调了这样做可以带来前后供应链整合的效果。[1]

1990年4月，公报处成立综合有线电视促进委员会，有线电视正式启动。1991年12月，制定了《综合有线电视法》，确立了法律制度。从1991年7月起，在木洞和上溪洞地区对10,000户家庭进行了播放试点。

政府将有线电视产业的结构划分为PP（Program Provider，节目提供商）、SO（System Operator，系统运营商）和NO（Network Operator，网络运营商）三个部门，并对应相应的法律法规。同时，政府还设计了一个机制来兼顾公共利益和产业经济目标。

表6-1 有线电视规制

	规制内容	
	进入规制	营业规制
全体构造	-PP，SO，NO 三种结构 - 禁止相互合营 - 限制外资参与	
PP模式	- 公报处许可	- 指定节目专门领域 - 限制外国节目比例 - 规定自行制作比率

---

[1] 广播电视制度研究委员会（1990），《广播电视系统研究报告：面向21世纪的韩国广播电视发展坐标》。

续表

	规制内容	
	进入规制	营业规制
SO 模式	- 公报处许可 - 禁止大企业及报社所有 - 禁止 MSO	- 所有 PP 义务传送 - 公报处承认使用内容
NO 模式	- 信息通信部指定	- 技术基准的适合性 - 承认使用内容

首先,SO 被视为与现有无线电视媒体一样具有较高社会影响力的有线电视媒体,参与的对象受到严格限制,某些运营商不能通过综合有线电视台施加影响。换句话说,SO 更看重公共性价值。因此,禁止具有重大经济影响的大企业参与或成立广播电视公司或报纸,对 SO 的所有权限制也可以防止媒体垄断。同时也禁止大企业拥有多系统运营商(MSO)的所有权,而且外商也被禁止拥有 SO 的股份。因此,只有中小企业才能参与综合有线广播电视台的业务。此外,允许地方中小企业(SMEs)通过地方有线电视发挥地方媒体机构的作用。

对于 PP 的产业价值,是以振兴内容生产为目标的。内容创作是一个高风险的行业,成功的可能性很低,但高风险伴随着高收益,一旦获得成功,就可以大量获利。因此,在内容市场上形成了以寡头垄断为主的市场结构。PP 的每个专业领域都允许少数运营商,SO 有义务传输播放 PP 的所有广播节目。允许有能力承担金融投资的大公司参与 PP。

在 NO 领域,规定了传输网络由官营企业所有,未来可作为国家骨干网。

政府为有线电视订阅设定了野心十足的大目标。1995 年是开播元年,政府预计收视户数要达到 50 万户。到 1996 年底,收视户数希望达到 150 万户。四年后的 1999 年,政府希望 50% 的家庭都用上有线付费电视。

表 6-2　1995 年当时有线电视加入者目标

年度	1995	1996	1997	1998	1999
加入家庭数(名)	50 万	100 万	200 万	400 万	650 万
普及率(%)	3.8	7.7	15.4	30.8	50

出处:公报处(1995),先进广播电视 5 年计划(案),首尔:公报处。

然而,这种期许和计划在后来被证实是错误的。实际的付费用户远远低于目标。而且在政府内部,关于有线电视发展的意见冲突也一直在继续。

首先,在有线电视的含义和定位上,公报处与递信部的立场就不统一。公报处更多的是强调引入有线电视这样的新媒体,就可以通过更多的渠道为用户提供更多元的信息、文化和娱乐。同时,它也是应对海外卫星电视越境播放的一个重要举措。但递信部则更侧重于强调有线电视的信息化网络职能,而不是媒体。他们认为有线电视有望成为超高速信息通信网络之一。特别是有线电视用户的传输网络是由光纤构成的,因此在建设超高速信息通信网络时是可以直接使用的。在当时,一些海外国家已经从政策上允许使用有线电视网络提供通信服务,这使得利用有线电视网来提供全方位的信息服务成为可能。[①]

[①] 赵信等(1996),《制定电信与广播融合的中长期政策措施(2)》,信息与通信政策研究所。

第二是公报处和递信部在有线电视业务推进的问题上立场不同。递信部认为，由于有线电视应属于有线电视传输节目的电信网络领域，递信部应当成为主管部门拥有有线电视的许可权。而公报处只需对节目供应商进行许可即可。但另一方面，公报处认为，信息和通信技术只是用于传输节目，核心的服务还是在内容上，所以公报处才应该是有线电视的主管负责部门，递信部只需管理安装通信电缆等基础设施的传输网络运营商相关的部分。

政府最终协调了两个部门的权责，决定由公报处牵头有线电视。尽管公报处对综合有线电视频道有许可权，但在许可的过程中，在设施安装计划上也必须与递信部"达成一致"。此外，尽管递信部只行使对设施的检查权和指定传输网络运营商的权利，但传输网络使用费则需要与公报处一起"商量"决定。[1] 经过政府对这些冲突和矛盾的调解，有线电视于1995年3月正式开播。

媒体运营商的多元化发展

随着有线电视的出现，媒体行业出现了很多新的运营商。在有线电视业务结构中，PP、SO、NO分别为三大事业领域。PP负责节目制作、播放和广告等业务；SO负责对用户输出、地方频道运营、市场营销、用户管理等业务；NO则负责从有线电视台到用户的传输设施的安装、运行与管理。

PP必须获得公报处的许可。政府首先指定一个频道的领域，然

---

[1] 公报处（1996），《有线电视白皮书》。

后接受运营商的申请,政府经过评定颁发频道牌照许可。1993年8月,11个领域有20个频道被选中。

1995年3月,有线电视正式开播后新增了节目供应商。1995年10月,包括家庭电视购物在内的新的频道获得了许可。

大企业主要参与了PP市场。在有线电视的早期,PP沿用了无线电视的模式。因此,节目的制作与购买需要大量的预算,企业借此机会涉猎传媒产业。三星、现代、大宇等韩国大企业都参加了PP。政府还将PP视为一种无线电视模式,并通过许可制度增加了准入门槛。

表6-3 1993年有线电视PP许可现状

领域	节目提供商	编成内容
报道	联合TV新闻 每日经济有线TV	综合报道
电影	三星物产 大宇电子	付费电影 基本电影
体育	国民体育振兴工团	综合体育
教养	第一企划 世纪TV	教养纪录片
娱乐	金刚企划 第一影像	家庭娱乐 电视剧专属
教育	东亚出版社 未来教育 韩国教育影像	编入社会教育周 编入学习部
音乐	现代音像 韩国音乐TV	大众音乐,国乐公演艺术
儿童	孩子看Network	儿童专属

续表

领域	节目提供商	编成内容
女性	东亚 masta vision New Green	女性
宗教	平和放送 佛教有线 TV	天主教 佛教
交通观光	交通安全振兴工团	交通观光

出处：公报处（1996），《有线 TV 白皮书》。

表 6-4　1995 年增加频道许可

领域	频道
家庭购物	家庭购物电视 Hi shopping
文化，艺术	A&C Kolon
漫画	Tooniverse
围棋	韩国围棋电视
宗教	基督教电视

SO 是以行政区为中心，根据电信线路设施、地理条件和生活居住环境等，将全国划分为 116 个综合有线电视服务区域。由于政府将 SO 视为与现有无线电视一样具有强大社会影响力的媒体机构，因此限制了参与对象，以防止通过综合有线电视进一步扩大企业自身的影响力。在此前提下，只有中小企业被允许参与有线电视业务。各种中小企业纷纷打开了进入媒体行业的大门。这意味着媒体历史上的一次重要变革。随着中小企业参与媒体行业，它们为媒体行业的内容和形式多样化做出了贡献。

经递信部许可,韩国电信(KT)和韩国电力(KEPCO)被选为 54 个有线服务区域的运营商,Dacom、金星通信公司、江南电视台和金洋电信被选为首尔和釜山的有线电视运营商。

由此韩国建立了一个允许大公司、中小企业和官营公司在有线电视行业的各个领域发挥主导作用的协调系统。结果显示媒体运营商的数量显著增加。以前无法参与到媒体行业的中小型企业(SMEs)也扩大了参与范围。

在有线电视发展初期,政府严格实行三分体制,禁止 PP、SO、NO 交叉经营,也禁止 PP 和 SO 合营。

然而,这种采用三分结构的韩国模式给有线电视市场带来了许多问题。由于三个领域的经营者利益不同,所以经营者之间因为利益冲突就难以合作和协调。此外,由于 SO 本身不具备网络硬件,因此出现了很多售后服务问题,甚至出现了接收用户订阅也无法安装网络的情况。另外由于所有频道都强制义务重传,所以 SO、PP 和 NO 之间的许可费分配也存在较大的意见分歧。获得订阅用户变得愈发困难起来。

表 6-5　1995 年当时有线电视的产业结构

	PP	SO	NO
运营商数	27	53	2
事业主体	大企业为主	中小企业为主	公共企业
收视费分配比率	32.5%	52.5%	15%
备注	16 个专业领域	地方垄断	韩国通信:21 个 韩国电力:32 个

1997 年的金融危机给有线电视的发展带来了致命的打击。从

1995年到1998年的三年时间里，29个频道累计赤字总额达到8100亿韩元，平均每个频道的累计赤字高达337亿韩元。许多进入有线行业的公司都面临破产危机。第一起破产是真露集团经营不善，导致了萨格林电视破产。1998年3月，大盛电视破产，基督教电视台也陷入经营危机。东亚集团旗下的东亚电视台也在10月停播，Catch One（三星）、Hyundai（现代放送）、DCN（大宇）等大企业也纷纷退出市场。[①]很多企业以进军和发展有线电视业务为宏图大志进入媒体领域，但大部分在此期间都退出了媒体业务。

有线电视行业的危机感变得越来越强。有线电视行业开始强烈要求政府进行政策转变。代表有线电视行业的综合有线广播电视协会提出了"政府应对有线电视的破产潮责任，彻底翻新相关政策"[②]。他们批评政府为有线电视行业设置了结构限制，并通过对各种形式及销售的监管限制了有线电视的发展，导致了市场失灵。业界呼吁政府放松对有线电视的管制。

首先，提议放宽对PP的准入规定。现有的PP许可系统由于强制SO必须无条件传输所有许可的PP节目内容并由政府指定了频道号，这些是不正确的规定，建议应该取消现在僵化的PP许可制度，引导更有创意和想法的PP进入市场，通过竞争提供符合消费者口味的节目。PP的专业领域也不应由政府决定，而是应该基于市场和消费者的判断。

[①] 金智妍·金大浩（2015），"影响韩国有线公司增长战略的因素"，《文化产业研究》，第15卷第2期，73-82。
[②] 吴智云（2011），"媒体政策与民族主义特征的变迁：以金泳三政府时代的有线电视产业为中心"，《韩国新闻杂志》，第54卷第6期，396-421。

第二，提议放宽对 SO 的管制。投资 SO 或提供未来的电信服务方面实现规模经济是必须的，但 SO 法规命令禁止 MSO 并阻止大企业参与 SO。建议认为，要实现规模经济应允许 MSO。此外，SO 无法拥有频道编排权这个规定也应该被废除。不应在 SO 和 PP 之间阻扰和建立一道封锁的墙，而是需要让 SO 和 PP 进行联合与合作。SO 和 PP 的垂直整合在国外已经被允许，但在韩国仍被明文禁止。公平竞争的政策可以充分限制纵向一体化的危害。因此，政府应该允许 SO 投资 PP。①

政府不想让有线电视危机继续扩大，所以只能选择接受业界提出的这些要求。反映行业需求的措施几乎被原封不动地接受了。随着政府对有线电视行业的监管放松，有线电视媒体走向了复兴之路。SO 和 PP 均有新公司加入，能够提供互联网服务和电话服务等综合服务。有线电视运营商也成为通信运营商，这是有线电视运营商最初的目标。它通过 MSO 和 MPP 实现了规模经济，成长成为真正的媒体集团公司。曾经是食品流通公司希杰（CJ）进军 SO 和 PP 市场，CJ Hello 和 CJENM 分别成为这两个领域的龙头企业，希杰为有线电视的高质量发展做出了巨大贡献。在 2017 年将付费电视的主导权移交给 IPTV 之前，有线电视一直是韩国付费媒体行业发展领头羊。

来自社会大众的批评

社会大众对有线电视台的兴起持批评态度。社会大众反对新媒体

---

① 曹信等（1996）。

具有商业性质而非公共目的。人们对有线电视如何保证公正公平持怀疑态度。从有线电视被大众评价为"最失败的国家政策"这件事上就可以很明显地看出这样的端倪。韩国首次尝试付费电视，社会大众担心用户成本负担和媒体的公共性被削减。尤其是公共性的削减被认为是对媒体价值的严重挑战。

对于这些社会大众的担忧，政府回应说可以通过国家与地方政府的官营渠道来确保公共性。地方频道是一张可以补充民间社会关切的牌。正好在1995年地方自治体制30年来首次得到恢复，媒体和社会大众普遍都不满资源集中在首都圈，这时候地方主义作为一种替代方案登场了。大家认为有线电视可以为地区经济、文化和社会的振兴做出贡献。因此，韩国政府决定建立地区频道，并赋予各地区行政长官可以自主决定各地区媒体的许可与连锁经营的权力。

表 6-6　公共频道的选定

年度	公共频道
2000	政策频道（KTV），广播电视通信大学频道（OUN），阿里郎TV，国会频道（NATV）
2005	政策频道（KTV），广播电视通信大学频道（OUN），国会频道（NATV）

但地区频道在实际实施的过程中和期望的相差甚远。地区频道旨在唤醒和提高当地民众的政治和社会参与意识，但同时政府却提出了"不许报道、不谈政治"的原则，换言之就是地方频道不能对实时的新闻进行评论与报道，这样的限制是致命的。这很大程度地限制了地方频道地作用。

此外，在保证公正公平方面，政府提出的方案是设立官方公共频道。通过提供公共服务的官方公共电视频道，政府相信可以补全和保障公平公正。随后，政府在教育、文化、政府公共关系和国会公共关系领域新设了官方的电视频道。

然而，政府将公共频道的基本政策定义为"面向国民公共宣传的最大化"。对于公共频道大多播放的主题是"国家"，公报处领导指定节目制作机构，而且由公共频道义务（must carry）播放。传播内容多为宣传国家政策的节目，还有其他被认定为公益事业的节目。有线电视台除非有"特殊原因"，否则严禁对公共频道的播放节目内容进行修改。①

因此，有人批评公共频道是政府假借回应社会大众对媒体公共性的关切而实际上变味成为政府公共关系的宣传渠道。社会大众批评不能进行新闻报道的地方频道是不健全的半吊子媒体。社会大众对有线电视的不满之后还扩大到卫星频道和 IPTV 上。

---

① 公报处（1996）。

07　公益性与市场性的再平衡

2000年，美国互联网公司AOL和传统媒体公司时代华纳的合并开启了千禧年的序幕。当时最大的互联网运营商与媒体运营商的合并，标志着媒体进入大融合时代。传媒公司追求规模经济，随着向互联网领域扩张，产业结构发生了本质变化。媒体行业、娱乐业和信息和通信行业间的大融合正式开始。

各国对传媒监管的改革

美国在线AOL和时代华纳的合并从美国在1996年修订的《通信法》就可以预见到。《通信法》中规定多频道视频服务（MVPD）包括了有线电视、卫星电视、宽带服务、无线电缆系统、电视天线系统（SMATV）、本地电话服务公司（LEC、Local Exchange Carrier）、开放视频系统（OVS：Open Video Systems）、互联网视频、录像带租赁、电力和燃气公司设备等。不再根据不同的传输方式去划分市场，而是根据付费用户去划分市场，有线频道、卫星频道、互联网等各种传输服务载体都可被视为在同一市场竞争的同类服务。对于融合业务，将电信业务（telecommunication service）与信息业务（information service）分开来灵活应用。通过交互性的服务，顺畅地提供数据传输、

VOD 等服务。①

欧盟（EU）于 2003 年 3 月通过了一项决议案，将单一监管框架应用于所有电子通信网络和电信服务。欧盟关于广电和通信融合的政策旨在实现网络与媒体之间的平衡以及对传输硬件和内容软件监管的分离原则。据此，决议案统一了对网络硬件相关的法律法规体系。同时将现有的按服务类型的监管转变为按照网络、服务和内容等层次的横向监管体系。

英国政府通过修改立法以应对欧盟的指导方针，通过整合监管机构来主导这一系列的变化。英国通过的《2003 年传播法》（*Communication Act* 2003）是媒体融合治理的一个非常重要的转折点。《2003 年传播法》对所有电子通信网络、电子通信服务和相关设施采用了单一监管体系。电子通信网络被概括为所有传输设施，无论传输信息的类型如何。也就是说，只要用于广播电视传送的网络，包括各种通信网络和有线电视网络都是视为一体的。这里的关键在于，之前监管划分为广播电视和通信领域，而现在是将广播电视和通信的概念融合在了一起，只对网络基础设施和服务的内容两个维度进行分离和监管。换言之，无论提供什么类型的内容服务，它都被整合到通信网络的概念中去，而不再区分生硬地区分到底是广播电视还是通信。②

这样一来，就实现了通过一个网络平台提供多种内容服务的模式。在过去有线电视网只能提供有线电视服务，现在它不仅可以提供有线电视服务，还可以提供电话和互联网服务。这种方法对运营商和

---

① 李相宇（2006），"通信广播电视融合时代的横向监管体制"，《KISDI 问题报告（06-04）》。
② Doyle, G. & Vick, D. (2005)，"2003年通信法：英国的新监管框架"，《趋同（Convergence）》，11(3), 75-94。

用户来讲都是双赢的。特别是随着互联网使用的增加，运营商为获得用户的青睐，提供多元化的网络和媒体服务是有优势的。组合服务可以实现灵活定价。用户可以非常方便地通过订阅一个网络运营商的平台来使用多种服务。这种将每一个业务孤岛（silo）转向融合发展（convergence）的趋势，给媒体行业带来了不小的冲击。

继英国之后，法国也于2004年7月修订了广播电视相关的法案，以应对广播电视与电信大融合的环境，并适应新颁布并强制执行的欧盟决议案。这项法律名为《电子通信和视听通信服务法》（*Loi-relatif auxcommunications lectroniques et aux services de communication audiovisuelle*）。法国法律的修订带来了广播电视领域基本概念的变化。在1986年的法律中分别对"广播电视"和"通信"进行了定义，但在2004年的法律中，将二者一并纳入了"电子通信"的概念。这一概念分为"通过电子方式向公众传播"和"视听交流服务"两种。而"通过电子方式向公众传播"又可以分为"电视服务"和"广播服务"。此外还采纳了包含现有通信网络和广播电视网络的电子通信网络这一更宽泛的概念。它包括固定和移动通信网络、有线电视网络以及无线或卫星频道网络。[1]

德国由于联邦政府和州政府的管辖权责不同，因此颁布了针对广播电视和通信融合服务的第三方法律。在德国，广播电视的播放内容管辖权原则上属于每个州的专属管辖权，联邦政府仅提供技术支持和基础设施。通信领域受《电信法》（TKG，1996）的约束。在这个双元系统中，德国政府对媒体融合产生的边界限制问题感到担忧，同

---

[1] Gibbons, T., & Humphreys, P. (2012), "压力下的视听监管：北美和欧洲的比较案例", Routledge。

时也认识到很难推出一部统一适用的法律，因此在 1998 年，德国联邦政府和州政府通过《电信服务法》和《国家媒体服务协定》实现了双元化管理。为此，德国联邦政府制定了《信息和通信服务法》，各州政府以全国协议的形式制定了媒体服务细则，由此多媒体服务的法律框架初步形成。

2001 年，日本将负责广播电视的邮政省和负责通信的总务省合并成一个单一的行政机构，即总务省。但是日本的《广播电视法》和《电信法》却没有完成整合。因此日本政府采取了在每次在广播电视和电信融合遇到问题时通过健全法律制度和放松管制来达到解决问题的方式。①

综上所述，世界各地通过各种各样的形式进行了针对广播电视与通信大融合的法律制度层面的讨论。媒体融合制度化的变革是导致媒体融合发展的大前提。

韩国政府的媒体改革

1998 年 2 月上台的金大中政府是韩国近代史上第一个左翼政府。自 1948 年 8 月韩国政府成立以来，右翼政府已执政了 50 年。而仅仅 50 年，政府就从右翼政府转变为左翼政府。新政府推行的政策与先前的右翼政府不同。在媒体领域政府也提出了与以往不同的政策。

就广播电视而言，确保独立性和公开性被视为重要的政策目标。政府试图将《广播电视法》和《综合有线电视法》合二为一。但是，

---

① Hayashi, K. (2009). "改革日本广播电视系统的困境"，摘录自 Ward, D. 编辑的《电视和公共政策：全球自由化时代的变化和连续性》，劳伦斯·厄尔鲍姆协会。

由于利益集团之间对整合的反对强烈，广播电视台的经营状况因经济危机而发生恶化，于是就有了对包括修订《广播电视法》以及全面审视广播电视台问题并达成全民共识等这些诉求，因此"广电改革委员会"应运而生。[①]

广电改革委员会由来自学术界、政界和工商界的14名成员组成，它通过社会各界参与的"社团"模式构成。广电改革委员会提出了广电改革的十大基本方向：①确保独立性，②加强公益性，③积极应对媒体融合的大趋势，④确保媒体的尊严和自我意识，⑤提高观众的权利和福利，⑥确保媒体间渠道的多样性，⑦治理结构和组织的效率提升，⑧防垄断倡导公平竞争，⑨提高制作系统的理性和专业性，⑩开发数字媒体等新业务。

在广电改革的基本方向上，政府把确保新闻的独立性和加强公益性作为最重要的价值观去恪守。然后是媒体的尊严和观众的权益，这些被视为第二层的价值。同时也增强了媒体大融合的认识。

1998年，韩国政府废除了公报处。取消公报处是基于这样的判断，即政府部门最好间接通过达成共识互信的体系来影响媒体，而不是直接参与和干涉媒体领域的发展。[②]这被认为是从制度上保障了媒体应维护的意见独立性和表达多样性原则。因此，公报处被撤销，由广播电视委员会接任。为了确保广播电视的独立性，韩国广播电视委员会形成一个独立于政府存在的组织。此外，对广播电视委员会也进行了

---

① 广播电视改革委员会（1999a），《广播电视改革的方向和课题》。
② 但是，1999年5月，在进行第二次政府改组时，与旧的公共信息服务相对应的组织又以国政宣传部（副部长）的名义复活了。这里出现了两个问题。一是因故不复存在的公报处是否仅通过更名而复活，二是上任后的承诺是否不兑现从而导致政治可靠性问题。

组织重组，以保障其独立性的内核，同时兼备行政职能。因此，它具有独立监管委员会的性质，但又通过法律确保了它"协议制行政机构"的地位。广播电视委员会共有九名成员，总统推荐三名，国会议长推荐三名，其余三名成员是在具有广电相关的专业知识和了解观众群体的人群中进行选择。由国会下属的文化旅游委员会推荐，经由国会议长递交给总统最终任命产生。允许韩国广电委员会委员长出席国务会议并发言；允许直接向国务总理提交法案和议案，确立了其作为中央行政机构的地位。另外特设专项广电发展基金，确保广电委员会自主权不会受到资金问题的困扰。[1]

1999年，广电改革委员会设立了广电委员会，但韩国政府为了积极应对广播电视与通信产业的融合，表示在未来会将广电委员会更名为韩国广播电视通信委员会。广播电视和通信之间的边界消失，新媒体时代的到来，有人建议这些内容的监管也由广播电视委员会负责。同时建议修订《广播电视法》，让广播电视委员会监管除了广播电视，有线电视转播，广告牌等业务之外，也负责审议和决策通过电信网络平台面向社会大众发布的所有内容。希望通过建立健全法律法规制度，在2001年7月正式成立韩国广播电视通信委员会的愿景目标。[2]然而这个提议并没有按计划施行，而是直到2008年才成为了现实。

2000年的《广播电视法》是第一个将已经四分五裂的广播电视相关法律体系进行综合统一整合的法律体系。在整合之前是分散成以无线电视为中心的《广播电视法》《综合有线广播电视法》《有线广播电视管理法》和《韩国广播电视公司法》等。

---

[1] 2000年《广播电视法》的各项规定。
[2] 广播电视改革委员会（1999b），《广播电视改革委员会活动白皮书》。

《广播电视法》是为了确保广播电视的独立性。它旨在扩大官营电视台KBS的独立性。在那之前，KBS在预算结算和社长任命方面都由政府控制。《广播电视法》要求KBS可以获得国会的结算承认。此外，还采取了保障KBS社长任期的措施。

另一方面，在报纸方面则是从媒体改革的立场上推动的。政府用税务调查等名目向右翼倾向报纸施压。与此同时，政府还推出了支持左翼倾向报纸的政策。

对于右翼倾向的报纸，以确保管理透明度和推进报纸市场发展的名义，实则通过税务审计向右翼报纸媒体施压。2001年韩国公平交易委员会调查报纸市场，国税局对报纸媒体公司也进行了税务调查。国税局对23家媒体公司、关联公司和大股东进行的税务调查显示，报业企业逃税金额总额达5056亿韩元。检方逮捕了《朝鲜日报》《东亚日报》和《国民日报》的首席执行官，《中央日报》的社长也被判有罪。所有右翼报纸似乎都成了攻击目标。这些报纸媒体声称是政府对新闻界的镇压。

与此同时，政府发布了一份《报业通告》。《报业通告》中规定，报纸出版商在一个月内向报纸销售商提供的任何东西和免费赠品等价值总和超过报纸出版商获得的有偿报纸价格的20%时，可视为不公平交易而受到处罚（第3条，第1项）。这是公平交易委员会为使报纸销售和广告市场成为一个公平竞争市场而实施的市场监管。然而，当时报业市场已经开始走下坡路，这些措施并没有奏效，反倒是让人感觉对报业管制更加严格了。因此也被诟病是政治性的干预。

2003年上台的卢武铉政府，与上届政府一样是左翼政府。他在继承了上届政府媒体政策的同时，再次推动媒体改革。卢武铉政府提出了四项改革：废除《国家安全法》、清算过去的历史、修改《私立学校法》和媒体改革。媒体改革旨在"提升对舆论报道取材的支持力度"，废除了出入场所的通行证，但很快就碰到了理念的对立。报纸成为改革对象以后，媒体的重心由传统媒体向网络媒体开始转变。卢武铉总统本人表明了反传统媒体，亲网络媒体的态度，积极地看待和利用互联网媒体。卢武铉总统是韩国历史上首位开通互联网账号并与人民交流的总统。由于互联网是交互式的，因此这种改变成为可能。

政府支持网络报纸等小型媒体。特别是随着2003年之后互联网门户网站开始提供新闻服务，很多媒体用户尤其是年轻人的消费行为开始发生显著的变化。政府积极利用互联网进行公共关系。总统还通过互联网积极宣传和评论国事。青瓦台博客开设了"总统近况""总统备忘录"等栏目。政府的品牌借助互联网的互动实现了所谓的"参与政府"。

2005年政府颁布了《报纸法》，这是《广播电视法》(《保护报纸自由和职能的法律》)的报纸版本。本法是对1987年制定的《定期期刊登记法》进行全面修改而制定的。《报纸法》首次规定了互联网报纸在现有报纸之外的登记注册事项。《报纸法》也包含与《广播电视法》相似的公益性目标和内容。

《报纸法》强调报纸的社会责任(第4条)，要求报纸报道的公平和公益性(第5条)。这与强化观众权益和视听媒体的公平性的《综合广播电视法》是同一个逻辑。政府在报纸和视听媒体中都将社会责任视摆在重要的位置上，并优先考虑公平和公益的价值观。此外，《报纸法》还规定了对读者权益的保护，为此成立了读者权益委员会来保护读者的权益。这与《综合广播电视法》里规定的保护观众权益如出一辙。在视听媒体方面也设立了观众委员会来保护观众的权益。关于报纸组织架构《报纸法》强调了编辑的自由和独立性（第3条），新制定了编辑委员会和编辑规则（第18条）。为促进报业发展，文化观光部成立了报业发展委员会（第27条）。报业发展委员会设立报业发展基金（第33条），并由文化观光部管理和运作。传统报业正遭受读者人数减少和全球销售额下降的衰退风险。然而，在民主社会中报纸在制定社会议程和达成社会共识方面发挥着重要作用。在报纸发行和流通方面，拟成立报纸共同配送的报纸集中流通中心（第37条）。以此解决了当时报纸流通过程中无序及送礼等社会问题。为此，成立了报纸集中流通中心，纠正了报纸发行中的秩序问题。

然而，报纸发展委员会在报业发展资金的使用和扶持对象的选拔标准方面备受争议。对某些私营媒体公司用国民税金来补贴批评声音也随之而来。来自报业发展基金的支持当然也是一种有选择的支持方式，但搞不清楚究竟是支持整个报纸发展还是特别保护中小报纸企业。报纸集中流通中心也因成本高、效率低而累计亏损600亿韩元。最终，报纸发展委员会和报纸集中流通中心于2010年合并为韩国舆论振兴财团。2010年，《报纸等自由和功能保护法》修正更名为《报业振兴法》。

媒体的扩张

信息和通信技术的发展对传媒产业产生了巨大影响，可以说新媒体的出现是必然的。2000年通过了《广播电视法》放宽了对有线电视的监管并允许卫星电视业务，从此传媒产业得到了蓬勃的发展。特别是卫星电视业务，因为政府计划于1999年发射"木槿花3号"和"Dacom-Orion"卫星，因此卫星电视具备了技术条件。所以政府决定在2000年通过《广播电视法》以后推动卫星电视的发展。

但是卫星电视的发展道路一开始就困难重重。提供卫星信号的卫星候选本来是KT的"木槿花3号"卫星与"Dacom-Orion"卫星竞争的，但由于"Dacom-Orion"卫星未能进入预计轨道，所以"木槿花3号"卫星成为提供卫星电视信号的唯一系统。政府采取了通过组建单一大财团的方式来运作卫星电视。这是因为卫星电视与有线电视的竞争是意料之中的，小型付费电视市场的竞争会造成有害的过度竞争。以KT为首的KDB财团和以Dacom为首的KBS财团两个财团参与了卫星电视营业执照的竞标。这两家公司的特点都是以电信运营商的子公司。经过激烈地角逐，以KT为首的韩国数字卫星广播电视公司（KDB）最终获得了卫星电视的牌照。在KDB中，KT是最大股东，KBS和MBC分别是第二和第三大股东，共有160家关联公司参与。KDB将卫星广播电视品牌定为"Skylife"，经过大约一年的准备，于2002年3月1日正式开播。

在发展的初级阶段，卫星电视由于技术问题和地面频道接收再传送的问题而难以维持用户。尤其是在转播无线电视节目方面，与地方电视台的冲突愈发严重。地方电视台于2001年5月成立了地方电视台协会，反对转播制度。媒体工会下属的19个地区的MBC工会分会和7个地区民营电视台工会分会组成的地方电视台协会以首都圈的卫星电视转播无线电视频道的节目，使得资源过于向首都集中，影响地方电视台的生存为由反对卫星转播。地方电视台协会通过扩大各地的宣传、进行反对签名运动、与各地立法者积极联系以及向大众发放有关韩国广播电视委员会的公开质疑书等活动,将这一问题上升为一个社会问题。在付费电视市场上与卫星电视竞争的有线电视也加入了反对卫星电视的阵营。

经过两年的谈判,卫星广播电视公司解决了转播的问题。之后,它将目光聚焦于差异化的内容上。特别是PPV(按次付费)被视为差异化的内容。PPV是一种新型的视频内容提供方式,观众为每个节目支付一定的价格。PPV让观众可以方便地选择想要观看的视频。消费者可以浏览电影列表并在电影开始前进行购买,在这一过程中,PPV服务能够为消费者提供消费的便利。Skylife正是利用了这种数字媒体带来的优点建立了PPV。观众们不再受直播的时间束缚,成为自由选择时间观赏的起点。

同时,在1997年韩国经济危机期间,对有线电视的监管有所放松。鉴于有线电视在信息社会中不仅作为视听媒体,也可以作为通信网络,并可以提供各种服务,比如高速互联网和家庭电视购物服务等,因此完善有线电视的发展势在必行。

表7-1 有线电视加入者数

(单位:万人)

年度	1995	1997	1999	2000	2002	2004	2006	2008	2010
加入者数	20	82	139	256	691	1,301	1,407	1,475	1,505

政府放宽了有线媒体所有权的限制,取消了限制兼营所有权的条款。此外还将转播有线电视台实行了SO的改制。由于低成本转播有线电视台的存在,有线电视的普及遇到了诸多问题,为消除这些负面影响,把有线电视正式纳入市场的一员。其结果是,有线电视市场的统一能够稳定有线电视运营商的运营,使得有线电视用户数量显著增

加。尽管最初在有线电视推出时，雄心勃勃的订阅用户目标未能得以实现，有线电视现在终于可以在付费电视领域占据领先地位了。

由于政府允许 SO 的横向合并联合，因此出现了庞大的 MSO。CNM 以 MSO 的形式出现，在首都圈拥有 12 个 SO。Thrunet 也成为在庆南地区拥有 7 个 SO 的 MSO。泰光产业以中部地区的四个 SO 起家。CJ 以阳川电缆为中心在全国拥有 6 个 SO。中央有线电视成为拥有 10 个 SO 的 MSO。MSO 的继续扩张让它们可以实现规模经济。因此，MSO 的市场集中度也有所提高。后来，有线 SO 重组为三大 MSO：CJ Hello、T-Broad 和 D'Live。

表 7-2 有线 SO 损益

（单位：亿韩元）

	1996	1997	1998	1999	2000	2001	2002	2003
销售额	857	1,596	1,996	2,360	3,642	5,479	5,922	10,750
营业费用	1,515	1,840	2,147	2,558	3,534	4,997	6,636	8,946
纯利润	-575	-484	-333	96	-57	713	842	283

SO 的管理也得到了显著改善。早期亏损较多的 SO 转为盈余。

另外，随着 PP 注册制的实施，有线行业的准入规定也大大放宽。PP 渠道业务变得更加灵活。PP 的数量从 1999 年的 28 家大幅增加到 2001 年的 134 家。

与此同时，韩国还出现了可以开设多个频道的多频道运营商（MPP）。三大电视台拥有的 MPP 进一步扩大。SBS 以高尔夫、体育和足球频道重点推广 MPP。KBS 则推出了体育、戏剧和纪录片频道。MBC 通过体育频道和 MBC 电视剧频道转换为 MPP。三大电视台在现有流行内容的基础上，又具备体育转播权的议价优势，所以能够顺利拓展体育、电视剧等频道。与此同时又出现了一种从单一PP开始最终成为MPP的发展路径。东洋集团旗下的OnMedia已成为了强大的MPP，其业务包括电影频道OCN、Catch On、动画频道Tooniverse、音乐频道MTV和围棋频道。此外，CJ还通过CJ电视购物频道、音乐频道M.Net、电影频道CGV加入了MPP竞争。

表7-3　PP许可制的变化

时期	1993—1999	1999—2000	2001—
制度	许可制	承认制	登记制
许可机关	公报处	文化观光部/广播电视委员会	广播电视委员会
PP	29个	15个追加承认	213个以上
性质	强力的进入规制	脱离规制的过渡期	市场自由

有线电视自1995年开播以来，在遭受了巨额赤字和饱受诟病的几年以后，随着减少政府干预、放松市场监管、成为自主竞争的体系以后开始重新找回发展动力。在这个领域除了已有的媒体公司以外，还出现了新的竞争者。在具有悠久传统的报纸和三大电视台外，还出现了大量的私营媒体公司。CJ通过收购OnMedia，获得了强大的频道资源，并通过将其整合到涵盖电影和音乐CJENM中，成长为韩国第一大内容提供商。

与此同时，报业公司也开始多元化经营，追求集团化发展。主要报业公司通过建立或收购各种节目制作与营销、舞台艺术、节目发行、互联网以及广告制作公司等来扩大自身规模。

《中央日报》于1989年创立了数据银行JOINS，并于1998年成立了新媒体公司Joins.com进入新媒体领域。此外，通过出版社

JoongAng M&B 出版各种杂志和书籍。通过将其范围从报纸扩展到出版、教育、互联网和有线 PP 等事业领域，这些成为中央媒体集团的基础。《朝鲜日报》于 1995 年成立数字朝鲜日报，作为其新媒体事业的子公司，提供网络报刊服务、线上线下教育、都市愿景等新媒体服务。《东亚日报》于 1996 年成立了麦达斯东亚日报，也就是网络版的报纸，并将其业务扩展到出版、互联网和有线 PP 等领域，从而奠定了东亚媒体集团的基础。1993 年，《每日经济新闻》成立了每日经济电视台，同时将业务扩大到互联网和有线 PP 等领域，其发展目标也定位成为一个综合多媒体集团。

另外网络媒体也应运而生。1998 年 7 月，网络报纸"丹吉（DDanzi）日报"正式出现。它建立时就宣称其出版目的是"挑战朝鲜日报"，并以这种党派之争为武器，确保了大量左翼媒体的用户群。

2000 年 2 月推出的"OhMyNews"标榜自己是代表普通人的媒体。这也是因为互联网才使之成为可能，它打破了新闻的传统模式。OhMyNews 倡导"每个市民都是记者"。市民可以直接撰写文章并展示，它是一种能够实现交互式实时通信的新媒体形式。OhMyNews 作为市民记者系统运作，直接从读者那里接收文章。读者可以注册成为市民记者并发表文章。全职员工负责收集和编辑文章。《纽约时报》评价 OhMyNews 是 UCC 的代表性媒体之一，在市民参与互动式的新闻领域处于世界领先地位。在报纸、广播电视等传统媒体发达的媒体环境下，互联网媒体得到了一个发展契机，开始与传统媒体成为竞争对手。[①]

[①] 洪成区（2003），"网络报纸的成长与媒体秩序的变化：聚焦'Oh My News'"，《社会科学研究》，第 42 期，237-253。

单位：10亿韩元

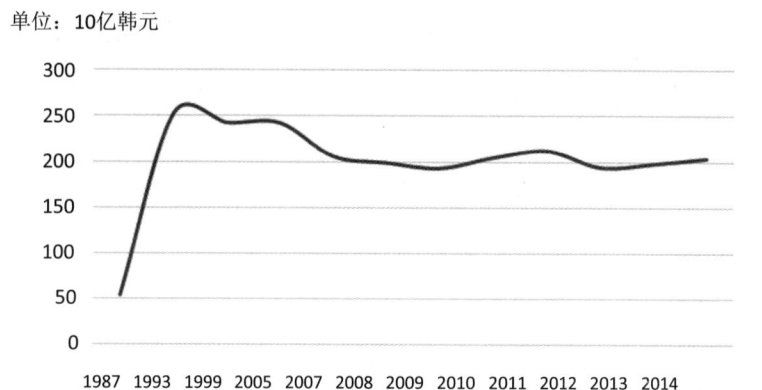

图 7-1　地方报纸销售额趋势

出处：《文化产业白皮书》《内容产业白皮书》（文化体育观光部，1997—2015）统合。

OhMyNews 的成功推动了其他网络媒体的出现。网络媒体俨然成为左翼媒体的舞台。这是由于网络媒体可以通过少量的人员维持经营，大量的左翼活动人士进入这个领域。

在这种情况下，卢武铉政府推行扶持诸如网络媒体这样的小型媒体的政策，对网络的进一步发展起到了推波助澜的效果。政府向网络媒体开放了新闻发布室，并通过报业发展基金予以支持，许多网络报纸得到了报纸发展基金的支持。根据《报纸法》，对网络报纸的定义是利用电脑及网络等处理信息能力的装置进行有关政治、经济、社会、文化、时事等方面的报道、其述评、论评和信息等均为电子出版物。截至 2007 年底，共有 927 家公司注册了网络报纸，比 2005 年的 286 家增长了 224%。这是因为网络报纸的标准放宽到只需聘用三名或三名以上的记者和编辑即可创办，因此网络报纸很容易创办。[1] 然而，

---

[1] 文化体育观光部（2008），《2007 年文化产业白皮书》，文化体育观光部。

网络媒体的发展也导致了现有报业的进一步萎缩。报纸广告收入下降，他们也开始转向网络媒体。

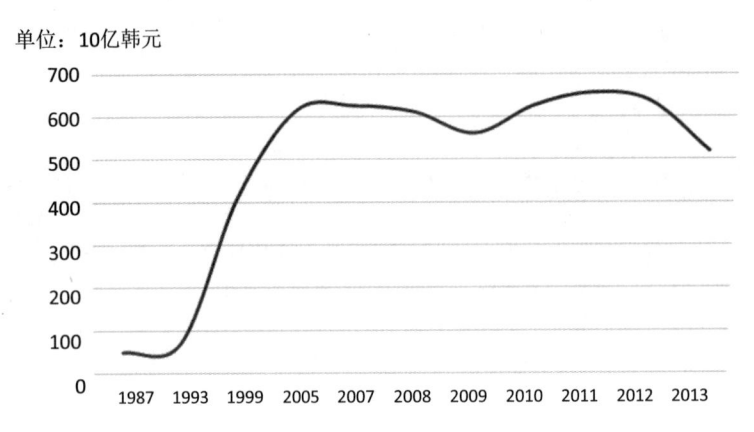

单位：10亿韩元

图 7-2　地方电视台销售额趋势

出处：广播电视通信委员会（2013），《地区广播电视发展委员会活动白皮书》韩国舆论财团（2008），《舆论经营成果分析》。

在通讯公司方面韩联社的垄断地位也走到了尽头。以个人小额资本起家的民营通讯社"Newsis"成立。起初，政府不接受它正式登记注册，遂向法院提起诉讼，希望法院撤销不予注册登记的处分。最终，在2001年政府赢得了最高法院裁决，正式作为竞争性电信公司成立了。

此外还设立了"市民放送"。1995年，全国广播电视改革国民会议开始了建立国民自己做主的媒体倡议运动。1997年3月，社会各界人士宣布了"100名支持建立国民媒体的宣言"。1999年成立了"为实现市民媒体的市民协会"，2000年12月启动了市民媒体筹备委员会。2001年5月，市民放送注册为法人，市民放送RTV成立。2001年9月被选为卫星电视的市民频道运营商以后，于2002年9月正式开播。

自 2003 年起,传输范围已扩大到有线电视。市民放送的运营经费排除商业广告,由韩国广播电视委员会的广播电视发展基金、Skylife 基金以及普通市民捐款构成。①

同时,政府也向地方媒体提供发展支持。地方媒体在以首都圈为中心的媒体生态系统中占据不了多少位置。1980 年新闻舆论废除与合并时,地方报纸实行一省一公司的计划发展模式,地方电视台并入两家国营电视台(KBS 与 MBC)。然而,随着民主化的发展与地方自治,各个地区对信息和文化的需求增加,并且地方文化作为重要的社会价值需要地方媒体负责传承,因此政府决定复兴地方媒体。1987 年以后各地的地方报纸大幅度增多,1995 年地方民营电视台也相继成立。然而,由于全球经济危机和多媒体平台的出现,地方媒体面临着经营危机。销售额大幅度下滑,广告费用的比例也相应减少。因此,有人主张地方政府应当扶持地方媒体,这一观点得到了政府的支持。地方媒体被定位成为实现地方主义人文特色的公共服务性工具。政府对地方报纸和电视台进行了经济扶持。为了振兴地方报纸,2004 年 3 月颁布了《支持地方报纸发展特别法》,作为一项为期六年的临时法案。为此政府成立了"地方报纸发展委员会",全力扶持本地报纸。2010 年,政府将临时法案延长了六年。

关于地方电视台,2007 年 1 月修订的《广播电视法》第 42 条新增规定,"在韩国广播电视通信委员会中设立地方广播电视发展委员会",以此奠定了法律基础。因此,地方广播发展委员会负责支持地方电视台的发展。2014 年制定了《支持地方广播电视发展特别法》,

---

① http://www.rtv.or.kr/xe/

取消了《广播电视法》的支持规定，赋予了电视台与报纸一样的特别法的地位。这样，特别法通过立法支持地方报纸和电视台的发展，它为地方媒体的公共资助开辟了道路。

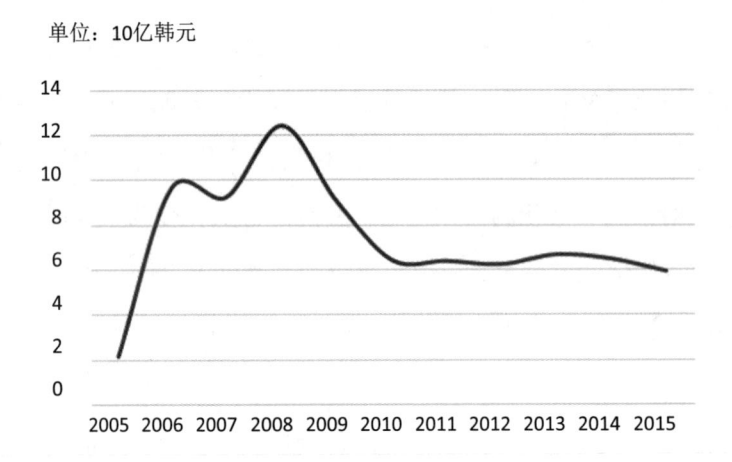

图 7-3　地方报纸支援金

出处：地方报纸发展委员会。

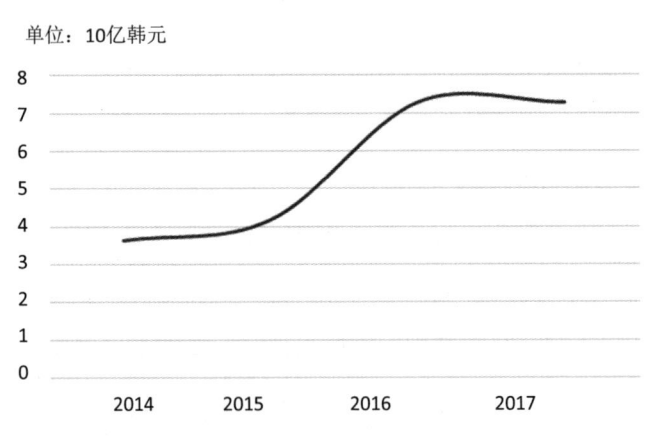

图 7-4　地方电视台支援金

出处：广播电视通信委员会（2013—2016）。

市民社会的主导作用

随着市民对媒体的参与与日增加和互联网的普及，市民对媒体的参与度也在扩大。此外，工会组织和媒体相关团体也加入了进来，试图获得权力。左翼政府支持和加强意识形态相似的市民团体作为支持力量。在2000年修订的《广播电视法》极大地强化了市民社会的作用，成为市民社会在媒体治理中发挥作用的转折点。亲政府的民间团体也在"广播电视改革委员会"中发挥了主导作用，提出了制定《广播电视法》的主要内容。广电改革委员会的成立是另一种与社会相结合的模式，旨在调整各种利益集团的需要，市民社会在这个组织中发挥了实质性的作用。

1998年8月，包括"民主舆论运动市民联盟"等在内的51个市民和社会团体共同发起成立了"舆论改革市民连带"。它的前身是反对政府允许全球媒体集团默多克进军卫星电视台的媒体组织和民间团体成立了共同对策委员会。该委员会在政府的大力支持下扩大了规模。"舆论改革市民连带"自成立以来活动范围集中在三个方面。一是开展媒体法制建设活动。完善《广播电视法》《报纸法》等与媒体相关的法律制度，推动报纸联合销售，设立报纸不公平交易和邪教媒体危害举报中心。二是推进媒体教育制度化。它通过建立监督网络维护及实现公平报道等，帮助媒体受众正确理解媒体的作用。第三，发展新媒体运动。确保使用媒体平等的权利，促进大众媒体，确保接触媒体的时间和振兴观众委员会，建立地方性和专业性的媒体服务中心，并举办新媒体竞赛。活动的方式多种多样，包括声明公告、倡议活动、与国际媒体组织和国内民间团体保持交流、举行辩论会和公开听证会以及发表监控报告等。[①] 舆论改革市民连带率先以媒体改革的名义对大企业财阀所有的媒体进行重组。1998年10月，修订了《定期期刊登记法（Registration Act）》，全面禁止日报和电信公司持有大企业财阀公司的股票，并将个人股份限制在20%以内。该修正案还明文规定了编辑权的独立性。

同时，韩国女性协会还于1998年2月成立了媒体运动总部，以扩大对媒体参与。女性协会也参与了《广播电视法》的讨论，召开了座谈会，讨论观众评价节目的意义及其实施方案。此外，无线电视台、有线电视台、独立制作公司、观众运动团体、媒体学者等也参与了进来，以观众团体为中心策划并制作了观众评价节目，对节目进行验证和讨论，这些活动在制度上都被接受了。此外女性协会还引入了一些积极的媒体政策，例如要求在电视台等一些公共组织为女性提供超过30%的工作配额。以此为契机，市民社会对媒体的参与从单纯的节目监督和点评转变为直接参与媒体政策的制定。

此外，原有的民主舆论运动协会更名为民主舆论运动市民联盟，并作为社团法人的形式重新成立，扩大了组织和活动。

1998年金大中政府成立，这为与左派政权具有相同意识形态的左翼媒体和市民团体提供了一个机会，让他们得到了迅猛的发展。此外，2000年的《广播电视法》和2005年的《报纸法》为他们也提供了法律支持，极大地强调了市民社会的作用，成为媒体治理的转折点。市民团体的参与得到了扩展，并进一步可以参与决策，同时要求改革法律制度。

---

① 赵义振（2007），"媒体改革市民联盟对媒体改革运动的传播策略研究"，《广播电视与通信》，第8卷第2期，192–215。

市民社会以大众媒体使用权的名头要求对各个媒体进行时间和空间上的分配。大众传媒使用权是指市民自由使用媒体和表达自己思想和观点的权利。狭义的媒体使用权是指市民拥有提出反对声音的反对权利，广义上指的是让所有接触媒体有困难的人都有机会参与进来从而形成舆论的过程。

在过去，对于保障观众可以观看节目或频道其实没有任何的规定。所以观众没有很多途径去接触大众媒体。1999年，广电改革委员会为了确保通过媒体可以表达不同观众的意见，强制官营电视台必须编排有关观众收视评价的节目，有线电视和卫星电视等收费频道则必须开设观众互动频道。此外，广播电视发展基金能够分担一些相关节目制作的费用。[1]以往这些观众参与性的节目都是由媒体自行承担的，但政府拿出来公共资金来扶持尚属首次。因此，观众参与性节目大大拉近了媒体与观众的关系。

2001年5月，观众参与节目《开放的频道》在KBS 1TV首播。《开放的频道》的设计和制作方式是观众在发展基金的支持下直接参与节目的策划与制作，观众参与到节目运营委员会决定节目选择等所有运营事项，由KBS负责编排和播出。

除此之外，市民作为媒体评估监察员的角色也被激活。报纸上有"读者意见专栏"。在广播电视中，诞生了观众意见评价节目。特别是在《广播电视法》里规定，进行一般节目或专门新闻节目的电视台每周至少组织60分钟的观众评价节目，收集观众对节目的各种意见。此外，还允许由观众委员会指定的一名观众嘉宾直接出现在观众评价

---

[1] 广播电视改革委员会（1999b），《广播电视改革委员会活动白皮书》。

节目中并发表意见。《广播电视法》还规定，应设立观众权利保护委员会，协助韩国广播电视委员会完成审议和决议，同时收集观众的意见。

表7-4 2000年《广播电视法》对观众权益保护的内容

项目	内容
观众代表性及权限	- 考虑广播电视委员9人中3人的专业性和观众代表性（第21条） - 加强观众委员会的权威和市民团体的推荐（第87—88条）
观众投诉处理	- 设立观众投诉处理委员会（第35条）
观众反论权	- 加强报道反论的权利（第91条）：自请求之日起9天内公布
观众制作（访问）节目	-KBS节目观众直接参与制作和观众参与的节目每月超过100分钟（第69条） - 有线TV与卫星电视运营商通过地方/公共频道播放观众制作的节目（第70条）
观众评价节目	包括无线电视台和综合编成节目频道和新闻报道频道在内的，每周播放超过60分钟的观众评价节目（第89条）
观众的信息公开要求	要求综合编成频道和新闻专业频道运营商披露业务信息（第90条）
观众团体支援	对观众和市民团体的支持（第38条）：观众制作的节目、媒体教育和观众团体活动

监察员制度在报纸和新闻传播中也被立法保障。《舆论仲裁和损害救济法（舆论仲裁法）》就规定了日报发行媒体公司与新闻通信事业者在自律预防舆论危害上，建立一个申诉处理人制度进行救济，应保证其自主灵活性。申诉处理人负责调查媒体侵权行为，对媒体报道的更正建议；提供更正信息或建议赔偿损失等。规定媒体机构除非有

正当的理由，否则必须接受申诉处理人的建议。①

媒体教育制度化也得到了推进。随着基督教青年会（YMCA）和妇女协会等市民团体媒体教育的增加，他们开始将媒体教育制度化。1999年，广电改革委员会积极引导市民团体的媒体教育，谋求广电发展基金的支持。

《广播电视法》极大地提高了观众的权益。它为市民社会能够在媒体治理中发挥重要作用提供了法律依据。然而，虽然这在加强个人观众的能力方面是积极的，但公众的支持主要来自于左翼市民团体。

综上所述，自2000年代以后，市民社会的参与力度大幅增加了。媒体制度改革与政策制定由以前的政府主导转变为市民社会与民间组织协商制定的方法。此外，互联网的使用也发挥了决定性的作用。随着互联网的发展，现有媒体的权威性开始减弱，市民能够获得更多的信息。倡导"每个市民都是记者"的网络自媒体也出现了。一方面，媒体融合不断推进，另一方面，市民媒体也焕然一新。

---

① 李载真（2013），《媒体伦理》，通信图书出版社。

08　数字传媒的推广

2000年代中期之后，媒体数字化正式开始。媒体数字化促进了媒体融合，成为改变媒体性质的催化剂。首先是移动媒体的发展。它已经发展成为一种可以克服传统媒体时间和空间限制的新媒体，因为它可以随时随地使用，即使在旅途中也可以轻松访问，不受空间限制。二是个人媒体的变革。它与智能手机等个人便携式终端相结合，实现媒体提供和使用的个性化。三是融合多媒体（multi-media）的发展。可以在同一个终端上使用视频、音频和数据等各种内容，并且利用无线互联网在智能手机上使用的融合型多媒体已经广泛普及。媒体已经从原有的单向简单使用向信息选择型、信息定制型，乃至信息创造型进行着转变和发展。

特别是各类网络服务的融合，既可以通过广播电视网络提供信息服务和通信服务，也可以通过通信网络传输广播电视服务。事实上，这种趋同从1990年代就已经预料到了。但是，与其他行业和服务一样，预测并不一定会实现，即使实现了，它们也不会立竿见影。媒体融合的大趋势在10年后才开始显现。

媒体融合基于数字化。美国计算机科学家尼葛洛庞帝指出，数字化不仅仅是技术的变革，而是社会范式的变革。① 这是因为加速媒体融合和融合的根本是数字化。《纽约时报》创新报告（2014）的主题是"数字优先"，这意味着它关注到纸质报纸的变革。②

广播电视方面大力推广数字化是在 2000 年后，世界从模拟模式转向数字模式。数字媒体是一个具有巨大连锁反应的变革，可以说是媒体历史上的一个重要转折点。特别是随着媒体与信息传播的结合使其成为可能。具有传统单向特性的广播电视变成了双向的，内容通过互联网传输，频道可以无限增加，因此数字广播电视节目被认为比传统的广播电视发展的空间更广阔。

因此，美国、欧洲国家、日本等都将推动广播电视的数字化作为一个非常重要的长远目标并努力实现。韩国也不例外。早在 1997 年，"数字无线广播电视促进委员会"就成立了，从数字广播电视的方式方法上开始筹备工作。

数字广播电视为电子行业参与媒体治理提供了机会。在此之前，电视机和媒体设备制造商并未在媒体治理中发挥重要作用。虽然媒体和宣传的价值被扩展为传媒产业的价值，但媒体设备被认为是作为设备领域单独存在的。但随着数字广播电视的出现，这种情况发生了变化。制造数字广播电视接收器的家电制造商发挥了重要的作用。

广播电视媒体的数字化导致了新媒体的出现。通过互联网提供广播电视服务的 IPTV 和通过移动网络传输广播电视的移动电视应运而生。通过有线电视网络提供高速互联网服务或互动服务，用户可以亲身体验多媒体融合。媒体数字化是媒体变革的必然方向。IPTV 和移

---

① Negroponte, N. (1995),《数字化》(*Being Digital*), Alfred Knopf。
② 纽约时报（2014），《创新》，纽约。

动媒体极大地改变了媒体的制作、分发和使用。它为媒体跨越时间和空间的限制开辟了道路。

世界各国媒体的数字化

世界各国很早就开始关注媒体数字化了。世界上第一个卫星广播电视（DirecTV）开始进行数字化广播电视的是在1994年的美国。日本在更早的1981年就开始在无线电视频道里进行模拟高清电视的播放，美国为了应对日本进行了"高级电视"（ATV：Advanced Television）计划。[1] 然而，虽然美国在1987年同意了日本的模拟1125/60 Hi-Vision高清电视的标准，但欧洲却表示了反对的意见，导致全球标准化失败了。[2] 在这以后，各国寻求独立的标准化方式。

在美国联邦广播电视通信委员会（FCC）于1987年9月成立了高级电视服务咨询委员会（ACATS），并在美国制定了新的ATV标准。当时美国想借此契机，重振在高清电视发展方面落后于日本的美国家电业。[3] 数字电视的引入是催化剂。尤其是无线电视台的数字化进程，是在判断引进高清电视系统以后，对卫星广播、有线电视等其他媒体会产生积极的影响，因此积极地推进了数字化发展。数字电视除了高清电视中可以实现的高清质量之外，也被认为具有许多其他的优势。

---

[1] Carbonara, C. P. (1992), HDTV：历史视角。摘录自CasaBianca, L. 编辑的《新电视：高清电视的综合调查》，Westport, CT: Meckler。

[2] 高清电视HDTV的全球标准化计划在1986年的CCIR大会上进行，但欧方以欧洲电子产业为由拒绝缔结全球标准化协议。

[3] 1964年，在美国销售的彩电74%是美国制造的。然而，这个数字在1975年下降到了67%，在1986年下降到43%。因此，可以令人信服地认为，高清电视将为美国本土制造商提供重振市场的机会。

此外，数字电视也可以增强美国公司进军海外市场的竞争力。

1993年，为建立数字电视标准，七家欧美电子公司联合组成大联盟（Grand Alliance）。美国消费电子行业协会主导成立此大联盟的初衷是，数字电视标准应该针对某电视受众的单一国家市场，同时需要与现有的视频接收器兼容，而且对于受众和服务提供商来说，接收器或制作设备必须具备价格效率。[1]1995年，大联盟经过系统开发和实验将高级电视系统委员会（ATSC）标准作为数字电视的方法。FCC也认为这一标准的决定对于加强地面广播电视的竞争力和确立美国在世界数字广播电视领域的领导地位具有重要意义。它旨在通过美国方式引领世界市场。

在欧洲，1980年代初期，欧洲广播联盟（EBU）主导了高清电视的发展，并与美国的ATSC保持着合作关系。但是，欧盟委员会建议成员国拒绝采用美国的方法，因为它没有考虑到欧洲电子工业的发展。欧洲要走自主发展的道路。欧盟的立场在《关于融合的绿皮书（Green Paper on the Convergence）》中得到了很好的体现，强调新的广播技术应有助于促进欧盟成员国的经济增长[2]，他们不希望硬件市场被美国或日本主导。正如《班格曼报告（Bangemann report）》[3]所强调的那样，欧盟认识到"数字革命是信息社会发展的关键"，因此欧盟必须起到引领作用。[4]

---

[1] De Bruin, R. & Smits, J. (1999)，《数字视频广播：技术、标准和法规》，伦敦：Artech House。

[2] 欧盟委员会（1997），《关于电信、媒体和信息技术部门融合及其对监管的影响的绿皮书——迈向信息社会的方法》。

[3] 一份包含欧盟信息社会目标和愿景的报告，由欧盟委员会成员Martin Bangemann领导。

[4] Kaitatzi-Whitlock, S, (1998)，"欧洲高清电视的标准化政策制定"。摘录自Dupagne, M. & Seel, P. 编辑的《高清电视：全球透视》，爱荷华州立大学出版社。

08 数字传媒的推广

在欧洲,通过建立数字视频广播(DVB)作为数字电视推广机构来进行数字电视的推广计划。DVB 由欧洲广播公司和电子行业于 1993 年成立,旨在数字电视的标准化和开发新技术。DVB 的标准确定了所有数字广播电视的重要标准,从数字卫星电视广播(DVB-S)和数字地面广播电视(DVB-T)到数字多媒体数据广播电视(DVB-DATA)。特别是,DVB 专注于确保标准化决策是由市场驱动的方法提出的。[①] 倡导市场的作用,这一立场在欧盟委员会的作用中得到了很好的体现,也使得 DVB 成为关键市场参与者的共识决策而且在执法中发挥主导作用。因此,欧盟委员会发布了数字电视指令,强制欧盟成员国采用 DVB 技术标准。1998 年 11 月,第一个符合标准定义的综合数字地面广播电视在英国开播。

在欧洲,英国在数字广播电视方面处于领先地位。1998 年 10 月,卫星频道 BSkyB 开始数字电视。有线电视也在 1999 年由 CWC 等有线运营商开始数字电视。1995 年英国颁布了无线电视台的数字化政策,并于 1996 年为此修改了《广播电视法》。英国无线电视台的特点是采用了免费/多频道/标清的方式。

与此同时,自 2000 年代后期以来,全球对移动电视的兴趣不断增加。随着移动电话的广泛普及,移动电视被认为是一项充满魅力的服务。因此,全球各个国家都在推广移动电视的标准,如 DMB(数字多媒体广播)、ISDB-T(综合业务数字广播)、DVB-H、MediaFLO 等。但世界各国未能在移动电视标准上达成统一意见。在判断哪个标准占主导地位之前,替代技术和服务更是层出不穷。

---

① Foley, J. (1997),《CDG Eurostudy:欧洲的数字地面电视》。

表 8-1　世界移动电视标准的竞争

技术	国家	服务运营商	立法日期	中断日期
MediaFLO	美国	Verizon, AT&T	2007.3—	2011.3
DVB-H	欧洲	3 Italy, Swisscom, 奥地利电信等	2006.6—	
SDMB (MBCO)	日本	东芝	2004.12	2009.3
ISDB-T		KDDI,NTT Docomo, 软银	2007.12	
S-DMB	韩国	TU 媒体	2005.5—	2012.9
T-DMB		无线电视台等	2005.12—	

在移动电视领域，各种标准竞争激烈，但绝对领先的标准和服务并未出现，导致了持续的低迷状态。然后，在 2007 年苹果的 iPhone 出现以后，移动电视产业受到了致命的打击。现在人们可以通过智能手机上的应用程序观看电视。因此，移动电视本身就无法再推广了。

同时，随着高速互联网的普及，世界各国纷纷推出 IPTV。电信运营商尤其关注 IPTV，因为它是一种多功能服务。通过通信网络可以提供三合一服务（TPS：Triple Play Service）或四合一服务（QPS:Quadruple Play Service），即电话、广播电视和互联网等，所以它有可能成为未来的主流。

表 8-2　世界主要的 IPTV 服务加入者

（单位：千名）

媒体名	国家	2006	2007
Orange TV	法国	577	837
Fios TV	美国	207	547
SMG TV	中国	65	515

续表

媒体名	国家	2006	2007
Imagenio	西班牙	383	500
Free	法国	350	451
Belgacom TV	比利时	140	191
Fastweb	意大利	174	170

出处：Informa Telecoms and Media(2007), TV Trends 2007, London: Informa Telecoms and Media.

在欧洲，IPTV有助于增加法国、意大利和西班牙等付费电视订阅率较低的国家的付费电视订阅量。西班牙Telefonica的Imagenio就是一个成功的案例。2006年，超过50%的新付费电视用户订阅了Imazenio。Imazenio从2004年开始提供服务，它不同于以往付费电视只提供一个电视台频道内容的服务，它提供60个VOD频道，由此获得了大量的用户。

法国电信（FT）一款名为橘子电视（Orange TV）的IPTV也大获成功。2007年，橘子电视（Orange TV）拥有83.7万用户，成为当时全球最大的IPTV运营商。

通过这种方式，向数字媒体的过渡和由此产生的媒体融合在世界范围内得到了积极发展。

韩国政府推广数字广播电视带来的矛盾

韩国政府将推进数字广播电视看成一项重要的国家任务。1998年金大中政府将数字电视广播选为百项国策任务之一。[1]100项任务中，与广播电视有关的课题包括完善广告系统和推广数字电视。[2]特别是数字电视被定为重要的核心任务，因为人们认为数字电视不仅在媒体行业，而且在电视机制造业也都有很大的连锁反应。政府和电子行业早就表达出通过早期推动数字地面广播来引领全球电视机市场的意愿。[3]

自1990年代以来，政府将电子产业视为韩国的战略出口产业，并提供了各种支持，电子产业已成为代表韩国的重点产业。1997年电子工业（包括家用、工业、元器件和半导体）出口414亿美元，占当年出口总值的30%。尤其是彩电和半导体，韩国与日本一道一直扮演着主导全球市场的主要出口产品的角色。[4]然而，随着竞争的加剧和出口价格的下降，政府开始寻找可以延续这两种产品的出口产品，数字电视机作为替代产品应运而生。尽管数字电视广播的市场规模在初期并不大，但政府认为在出口初期确保主动权和占领市场至关重要，因为全球市场有望增长。因此，政府强调需要通过实施国内数字电视广播来扩大国内需求基础，以确保出口数字电视机的竞争力。[5]

---

[1] 总统过渡委员会（1998年），《第十五届总统过渡委员会白皮书》。
[2] 这是为了修改《韩国广播电视广告公社法》，并从2000年开始在广播电视广告市场引入竞争制度。不久后成立的监管改革委员会接管了总统过渡委员会的任务，并将取消了KOBACO的垄断和引入竞争纳入其"33项优先任务"。
[3] 韩国三星电子和LG电子占据了全球电视机市场30%以上的份额，在数字电视机方面，其技术不落后于竞争对手日本，在全球市场处于领先地位。他们凭借高附加值产品被认为能够占领世界市场。
[4] 产业资源部（1998年），《经营诊断报告》。1997年，在全球彩电市场中韩国的生产份额已达到22%（包括海外生产）。
[5] 经济体制改革规划组（1998），D-TV：下一代出口战略计划。

表 8-3　韩国的广播电视数字化进程

电视媒体	数字化促进过程
地面电视台数字化	-1997.11. 决定引进美国方法（ATSC） -1999.8—9. 试播开始 -2001 年 .10-12 从首尔/首都圈开始正式播出 - 计划到 2006 年在全国范围内扩张
卫星电视数字化	-1995—1998 无穷花号卫星发射 -KBS 和 EBS 各 2 个卫星频道试播 -2000.12. 取得 KDB 事业权 -2002.3.1145 个频道开播
移动电视数字化	-1997 年 .3. 地面数字广播电视促进会议关于 DAB 的讨论（推迟） -2000.4. 组建信息通信部，地面 DAB 专项推进小组 -2003.2. 韩国广播电视委员会，地面 DMB 和卫星 DMB 政策决定 -2004.12 卫星 DMB 营业执照许可 -2005.3. 地面 DMB 营业执照许可 -2005.5 卫星 DMB 服务推出

政府这种立场在传输方法的决定中有所体现。对于数字电视传输标准，有两种方法被提出，一种是美国式 ATSC，另一种式欧洲式 DVB。ATSC 方式与现有模拟方式一样使用 6MHz 频带，旨在最大限度地减少对现有 NTSC 频道的干扰。此外，它还具有能够降低接收机价格和利用现有基础设施的稳定优势。另一方面，DVB 方式使用 8MHz 频带，可以同时传输大量数据。优点是可以移动接收，单频网络（SFN）可以提高频率效率。这两种方法各有优劣，在技术上难以区分高低。

由于政府成立数字广播电视促进委员会审议传输方法，大宇和 LG 等家电运营商、现代电子和海泰电子等信息和通信运营商以及无线电视台都同意采用美国 ATSC 方式。尤其是电子行业,包括大宇和 LG 等家电公司,都非常重视出口。从技术上讲,这两种方式的优缺点差不多,但 ATSC 方式与美国的兼容性上更好,北美市场占据了韩国电视出口市场的很大一部分。此外广播电视台也认为 ATSC 方式更好,因为很容易使用 ATSC 系统已开发的技术,并且可以使用现有的 NTSC 传输系统进行传输。[1]

与 1980 年推出彩电、1991 年开办民营广播电视台、1995 年开办有线电视等重大广播政策不同,数字化的变革不仅仅影响到广电行业、广播电视台和观众。由于它在全球范围内为各种与媒体相关的设备行业和软件视频行业提供了一个新的市场,因此被认为是工业经济中非常重要的变革,并被作为一项重大的政策任务来推动。

1999 年,广电改革委员会接受了数字广播电视促进委员会关于无线广播电视台数字化转换的政策建议。随后,政府终于公布了数字无线电视台早期播放的综合计划,这也证实了数字广播电视促进委员会的提议。[2]

然而,随着 2000 年《广播电视法》的颁布,韩国广播电视委员会作为负责广播电视政策的部门重新设立,情况也发生了变化。以韩国广播电视委员会为首的一些广播电视台和广播电视台工会组织等反对政府的现有决定。他们认为应该对广播电视播出方式进行重新审查,因为由信息通信部牵头的现有方式没有办法进行移动端的接收,无法完成多渠道播出。由于双方持续争论不休,所以向数字化的过渡一再被推迟。最后在 2003 年 11 月,信息通信部和韩国广播电视委员会联

---

[1] 地面数字广播电视促进委员会(1998),《地面数字广播电视转换计划调查报告》。
[2] 财政经济部等(1999),《数字地面电视预播综合计划》。

合进行了海外数字电视的现状调查。然而他们对出国考察的结果也各持己见，争执不休，甚至到了各自提交报告等尴尬局面。这些被视为争夺广电政策主导权的斗争。

经过五年的无谓冲突，2004年7月，信息通信部、广播电视委员会、KBS和全国媒体工会召开了四方会议，达成了"使用ATSC方式，但确保无线电视台通过DMB进行移动播出"的意见。政府于2008年3月颁布了《数字转换特别法》，并于2012年12月31日在全国范围内终止模拟广播电视方式。

政府内部这些部门之间的意见分歧之前也出现过在其他媒体政策中。也就是说，在决定推进卫星广播时，当时公报部坚持引进模拟卫星广播，而信息通信部坚持数字卫星广播。这场争论由数字卫星广播告终，人们认为引入数字广播电视技术是合理的，因为世界上所有的卫星广播在几年后都转换为数字化。

政府认真推进多媒体多渠道服务政策。电信运营商开始允许开展广播电视服务。移动电视和IPTV就是在这个背景上出现的。

DMB服务，也就是移动电视，并不是从一开始就从电视开始的。它是在推动广播数字化（DAB，Digital Audio Broadcasting）的过程中发展起来的。在2000年代全球正在为数字无线电广播做准备。相对于广播需求的增加，频率资源不足，而有线电视和卫星电视的数字化正在如火如荼地进行，所以广播电视的数字化自然就被提了上来。特别是DAB这种数字广播形式因能够实现多频道广播而受到关注。

然而，它很快就从以广播为中心转变为以视频为中心。这是因为随着数字压缩技术的发展，即使使用传输音频信息的带宽也可以传输视频。随着互联网的发展，媒体开始从文字和音频转向包括视频在内的多媒体。以复合型的方式发送和接收电视、广播和数据已经开始成为一种趋势。政府在这方面发挥了积极作用。特别是,信息通信部将移动视频广播作为主要政策任务之一,同时制定了名为"IT-839 政策"的信息化计划。

因此,移动视频播放得到了推广。这是由于移动通信用户数量已突破 3000 万人,社会对移动广播服务的爆发式需求使移动视频迅速发展成为可能。广播电视台本着以内容为中心,进行传输方式多样化的发展,而通信公司则基于通信技术为基础的传输方式多样化的发展,同时期待传输内容可以多样化。在这两者同时发展的过程中,DMB 就在它们相遇的地方出现了。

然而,在推动 DMB 的过程中,政府内部也出现了矛盾。由于信息通信部和韩国广播电视委员会的立场不同,卫星 DMB 和地面 DMB 同时被推进。

2003 年 2 月韩国广播电视委员会宣布引进 DMB 的计划时,卫星 DMB 得到了大力推广。2004 年 10 月,卫星 DMB 运营商执照推荐选择程序启动。2004 年 12 月,韩国广播电视委员会选择电信运营商 SK Telecom 的子公司 TU Media 作为卫星 DMB 运营商。

然而,地面 DMB 却几乎同时朝着意想不到的方向发展。为了解决地面广播电视的移动性(这是引起数字电视传输方式争议的主要原因之一),最终确定了采用 ATSC 的传输方式,但同时也决定采用地面 DMB 来补充移动性。2005 年 3 月,韩国广播电视委员会选定了六家地面 DMB 运营商,包括三大广播电视台 KBS、MBC 和 SBS。2005 年 5 月,卫星 DMB 开播;2005 年 12 月,地面 DMB 也开播。但是卫星 DMB 是付费广播,而地面 DMB 是免费的。此外,卫星

DMB和地面DMB都侧重于地面广播内容。因此，这两种移动电视在内容相似的情况下构成了相互竞争。

IPTV也在差不多的时期推广开来了。从2004年开始，关于IPTV的讨论就开始了。由于IPTV是一种具有代表性的融合服务，所以广电和电信之间关于主导权的争论也一直在进行。政府内部也存在着意见分歧。信息通信部辩称IPTV是一种使用通信网络的新服务，属于"附加通信服务"，不该受《广播电视法》的监管。另一方面，韩国广播电视委员会坚持引入一种称为"特定媒体"的新媒体概念，称IPTV的主要服务提供商是电视台，从观众的角度来看应该被视为媒体。关于IPTV的定义也有所不同。信息通信部将IPTV定义为"通过高速互联网网络双向提供多种多媒体内容的新型通信融合服务"。然而，韩国广播电视委员会将IPTV定义为"通过互联网传输节目的多频道广播电视"。由于他们主张的立场不同，因此很难缩小分歧。

最终，这两个立场在政府高层进行了调和，并达成协议。2007年12月，通过制定名为《互联网多媒体广播电视业务法》的特别法律，正式引入IPTV。IPTV的法律定义是："利用宽带综合信息通信网络等通过双向互联网协议方式，在保证一定服务质量的同时，通过电视接收装置向使用者传送实时直播的节目，其中包括数据、视频、音频、音响、电子商务等内容的复合型广播电视媒体。"这个定义是信息通信部和韩国广播电视委员会解释分歧之间的折衷。2008年8月由政府颁布实施，并选定了特许经营者。KT（韩国通讯）、SK Broadband、LG Dacom三大电信运营商获得了IPTV的营业执照。

电信运营商进入媒体行业导致竞争白热化

在推广数字广播电视方面，电视台既有好处也有负担。尽管它具有能够通过多频道或数据广播提供多种服务的优势，但它也同时担负改造现有的模拟广播设施方面的投资负担。此外，虽然电视台一开始表现出与政府相同的立场，但在后来却改变了立场，表现出冲突的结构。电视台在1997年支持美式ATSC系统，但在政府换届以后改变了立场。电视台通过宣布欧洲DVB标准在技术上更胜一筹，引领了这场辩论。2001年MBC的技术测试表明，欧洲方式比美国方式实现了更高的数据传输和接收速率。[①]2002年2月，YMCA发布的民意调查显示，KBS、MBC、EBS等76.5%的电视台和专家偏爱欧式，希望向欧式传输方式过渡。

电视台这种立场的变化是由于意识到美式ATSC针对的是高清电视，而难以提供欧式的多频道服务，并且难以确保移动接收。作为电视台，数字化转型带来的多频道服务可视为新的商机。他们已经看到英国的电视台通过数字转换成为多频道运营商。此外，未来广播电视媒体的使用终端将转变为移动接收器的前景预期也起到了重要作用。然而，通过达成使用的DMB服务条款补充了移动接收的短板，电视台也接受了ATSC方式。

[①] 李婉祺（2002），"地面数字广播电视的技术政策和问题"，《韩国广播电视学会会议论文集》。

表 8–4　DMB 与移动互联网

区分	DMB	移动互联网
服务特征	移动播放服务	无线网络服务
从业者属性	媒体事业	通信事业
提供的服务	电视节目，广播，数据传送	网络内容（搜索，娱乐等）
使用地区	全国	全国
使用波段	媒体用卫星网（2.6GHz）	通信网（2.3GHz）
收益模型	定额制	定额制，从量制
主要终端	手机，车载	手机，PDA，笔记本电脑
目标市场	个人携带市场/车辆	个人手机市场

另一方面值得注意的是，由于媒体融合，电信服务提供商积极进军媒体市场。移动电视和 IPTV 都是电信运营商开发的新媒体业务。

DMB 是一种移动电视，它同时具有通信服务的性质。因此，DMB 也成为与移动通信的衍生服务相互竞争的关系。比如 DMB 与移动互联网（WiBro）就是相互重叠的。这是因为 WiBro 也是以宽频带的通信融合的形式提供广播电视等融合型服务和点播服务的。

尤其是在卫星 DMB 方面，电信服务商更是率先主导了这项服务，并进行了准备，而政府则较晚地把它定义为广播电视政策。因此，卫星 DMB 业务由于受到竞争电信运营商的反对和现有广播电视台的反对而变得难以开展。最终 SK Telecom 和 KT 两家电信运营商一起进入了卫星广播电视业务。

同时，地面 DMB 由三大电视台 KBS、MBC、SBS 主导推进。2006 年 12 月，13 家区域性地面 DMB 运营商入选。当地运营商皆为 MBC 的附属公司或是当地的电视台，没有引入新的运营商。所有地方电视台都被允许提供 DMB 服务。

IPTV 在 1990 年代后期开始被讨论，但由于基础设施和技术等问题，其商业化受到了限制。然而，电信服务商的盈利能力一直停滞不前，随着高速网络技术的发展，IPTV 成了电信运营商新的收入来源。

电信运营商对 IPTV 与媒体行业持有不同的看法。他们认为根据现行的《电信业务法》来看准入是没有问题的，而且在投资数万亿韩元建设的高速网络基础设施上，无法流通具有竞争力的媒体内容将使韩国经济蒙受巨大的损失。除了 IP 机顶盒、数字电视等硬件以外，还有各种内容方面的要素需要激活，以及引入 FTTH（BcN）等，这些都可以对行业产生巨大的连锁反应。此外他们还认为，有线电视 SO 可以利用媒体传输网络提供高速互联网和 VoIP 的服务，但电信运营商却不能开展 IPTV 服务，这是不公平的。

对此，有线电视台回应称，IPTV 在技术和服务上与有线电视都是提供相同的媒体服务，因此应按照《广播电视法》的规定需与有线电视进行一样标准的监管，由于电信运营商缺乏广播电视节目播放相关的法律规定必须的硬件与软件，因此不应被允许开展 IPTV 业务。[①]

电信运营商将 IPTV 视为新的增长引擎。三大电信运营商 KT、Hanaro Telecom 和 LG Dacom 都专注于提供 IPTV 服务。然而，关于提供实时频道节目的问题一直存在争议。由于有线电视行业的反对，电信运营商可以提供实时频道节目服务的许可证一直被推迟。

随着 IPTV 运营商的牌照延期，电信运营商开始以 VOD 类视频服务的形式提供服务。Hanaro Telecom 于 2006 年 7 月以 "Hana TV"

---

① 电子新闻，2005.1.14。

的名义开始了这项服务。KT 以"Home&"的名称开始,LG 电信以"myLGtv"的名称提供服务。这种权宜之计是由于有线电视的反对无法提供实时频道的内容而采取的迂回战略。

虽然没有办法进行频道的实时传输,但电信运营商专注于 VOD 业务,在这方面积累了大量的经验。很巧的是,用户使用媒体的习惯也逐渐开始向 VOD 服务进行转变。相较于实时直播,VOD 的优点开始慢慢显现。而电信公司的 VOD 服务推广得正当时。

这当然也影响了有线电视运营商。有线电视运营商着力推进数字化服务,也开发了 VOD 服务,同时也加强了对用户的服务。2007 年 2 月,有线 MSO 和 MPP 联手成立了有线 VOD 运营商"Home Choice"。

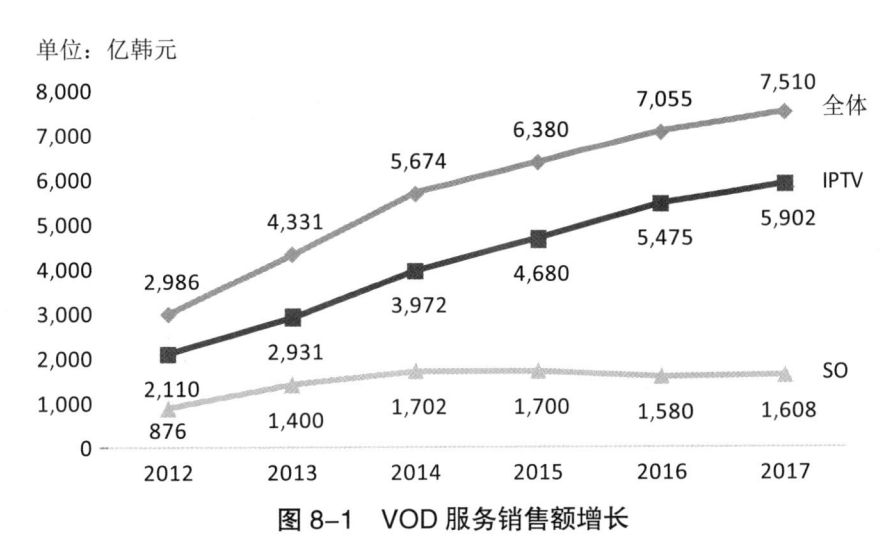

单位:亿韩元

年份	全体	IPTV	SO
2012	2,986	2,110	876
2013	4,331	2,931	1,400
2014	5,674	3,972	1,702
2015	6,380	4,680	1,700
2016	7,055	5,475	1,580
2017	7,510	5,902	1,608

图 8-1　VOD 服务销售额增长

出处:广播电视通信委员会(2018),广播电视市场竞争状况评价。

同时,随着 IPTV 业务的出现,卫星广播电视公司 Sky Life 开始专注于 HD 高清电视,并通过加强内容领域的发展来应对 IPTV。这是考虑到 IPTV 或有线电视由于网络容量限制难以传输无限量的高清频道节目而制定的差异化策略。因为卫星广播电视有利于传输下行信号。此外，KT 是大力推广 IPTV 的运营商，同时也运营 Skylife。换言之，一家电信运营商同时经营卫星广播电视和 IPTV。因此，寻求卫星广播电视和 IPTV 之间的合作和伙伴关系也十分重要。

IPTV 运营商将提供实时地面广播电视频道的节目视为他们的首要任务。根据《IPTV 法》，只能保证 KBS1 和 EBS 的重播转播权，其他地面频道的转播必须通过合同进行采购。因此，地面广播电视台表示应按照其频道的价值制定和收取相对应的传输费用。地面广播电视台也将 IPTV 传输费视为额外收入。IPTV 运营商对专业性强的 PP 频道重视程度不高。相反，它认为 VOD 的价值更大。这个策略后来被证明是正确的。随着 IPTV 的 VOD 销量的大幅增长，其也成为 IPTV 重要的收入来源。

DMB 和 IPTV 悲喜交加的命运

移动电视的龙头 DMB 业务，由于同时推出了付费和免费电视服务，因此很难界定其服务身份。卫星 DMB 最初是一种付费服务，但地面 DMB 是作为免费服务提供的，这对卫星 DMB 是不利的。由于对移动电视内容到底是什么没有特定的概念定义，因此运营卫星 DMB 的 SK Telecom 开始投资寻找和试验特定于移动电视的内容。甚至它还运营了一个专注于移动内容的移动频道——"蓝色频道（Channel Blue）"。然而这些策略并没有引起用户的注意。最终，TU Media 放弃了移动特色的内容策略，转而向无线和有线电视台提供频道的战略。然而具有讽刺意味的是，无线广播电视台不愿将其内容提供给他们的竞争对手卫星 DMB，因为他们也同时在运营地面 DMB。TU Media 试图通过降低付费价格来吸引用户，但结果只是累积亏损。

另一方面，地面 DMB 使用的是 VHF 频率，它作为免费无线电视台的延伸而被视为公共产品。但是，广告收入运营方面却没能吸引广告商的眼球。广告商对小屏幕移动设备上的广告持怀疑态度，并且地面 DMB 大多是重播电视上的内容。在 6 家地面 DMB 运营商中，除了 3 大电视台下属的地面 DMB 之外，其他 3 家公司从 2005 年到 2008 年累计亏损达 541 亿韩元。

此外，用户越来越倾向于使用移动视频应用程序。在多屏幕（N-Screen）环境下，移动电视应用程序对 DMB 运营商产生了负面影响。换言之，智能手机上的移动电视应用程序开始取代现有的移动电视终端。

结果就是，世界上第一个移动电视服务消失在历史的长河中。有人批评说，同时允许相互冲突的商业模式并存的移动电视政策是导致 DMB 最终失败的决定性原因。基于付费订阅的卫星 DMB 商业模式和基于广告的免费地面 DMB 商业模式，都没有成功。在移动电视上没有杀手级的内容或节目。最重要的是，智能手机带来的了意想不到的技术创新，对整个移动电视行业产生了巨大的影响。随着卫星 DMB 于 2012 年终止服务，移动电视告别了历史舞台。

另一方面，IPTV 采取了与 DMB 完全不同的发展路径。IPTV 在早期也面临很多的困难。2008 年 11 月，KT 推出了名为"Mega TV"、SK Broadband 的"Broad and TV"和 LG Dacom 的"myLGtv"的服务。然而，当时在韩国有线电视正在引领付费电视的市场。有线电视用户对有线电视很满意,因为有许多频道而且收费很低(每位用户每月 5,000 韩元)。然而,凭借电信运营商的品牌效应、规模经济和通过 IP 网络提供的数字交互服务,IPTV 开始追赶有线电视。尤其是点播服务,是一种满足想要摆脱时间和空间限制的用户需求的服务。这与智能手机的迅速普及导致用户习惯于按需服务的事实不谋而合。因此,VOD 销售的迅速增长导致 IPTV 的快速发展。此外,随着电信运营商以低价提供结合高速互联网、手机和 IPTV 的捆绑产品,用户数量急剧增加。

曾经有预测认为,付费电视普及率超过 75% 的韩国 IPTV 的普及空间不大,但事实证明并非如此。IPTV 的引入为韩国传媒产业注入了活力。用户正在习惯它,因为他们专注于提供 VOD 等新服务。此外,它还刺激了有线电视等竞争性广播电视的数字化和 VOD 服务的推广。有线电视在垄断的环境下,有发展倦怠的趋势,但随着 IPTV 等竞争服务的出现,有线电视也不得不追求数字化转型。有线电视运营商采取措施加强用户服务,例如组建"观众委员会"。而在 IPTV 推出 9 年后的 2017 年,IPTV 超越了有线电视,成长为第一大付费电视媒体。数字媒体引发了媒体提供商之间的激烈竞争。

单位：百万人

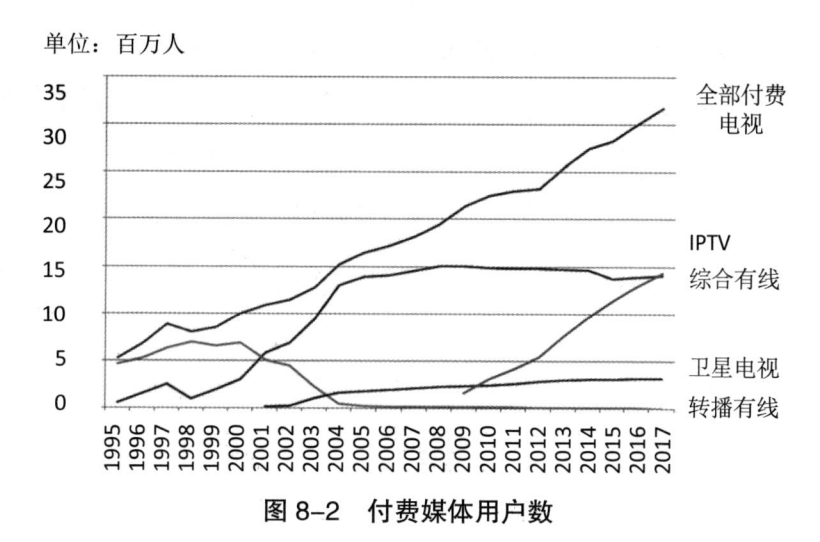

图 8-2　付费媒体用户数

出处：广播电视通信委员会（2011—2018），《广播电视市场竞争状况评论》。

媒体融合下民间社会要求强化媒体的公共服务

民间社会认为媒体融合和多媒体现象破坏了媒体的公共性。DMB、IPTV等电信服务商进入媒体后，媒体融合和新媒体发展被批判为"媒体发展的乱象"。民间社会认为，新媒体不是为受众开发的，而是由财阀企业主导、国家支持和媒体合作实现的牟利事业。[①]

民间社会最初并未参与向数字广播电视的转换过程，但随着舆论劳工组织的壮大，也自然而然地介入进来。市民团体与新闻媒体工会

[①] 全奎灿（2006），"新媒体领域的发展乱象，名为资本的导演"，《文化科学》，第45期，173–182。

一起反对在政府对数字播放方式的标准选择方面采用美国方式。

2003年8月，以广播电视技术人员为主开展了一场无限期的夜间抗议，呼吁"停止DTV过渡计划"。非政府组织认为数字广播电视中最重要的因素是移动接收，这与新闻媒体工会不谋而合，而美式ATSC标准无法接收移动信号，因此政府应该暂停"数字广播电视过渡时间表"。[1]

广播电视台、技术人员和民间社会都以移动接收为借口反对政府。然而，移动接收并不是一个不能解决的大问题。因为这不是一个技术问题，而是媒体治理的变化问题。这种现象随着政府、行业、广播电视台和民间社会以何种方式参与到媒体治理中而呈现不同的面貌。政府部门看起来也和以前不一样了，广播电视委员会和信息通信部，他们互相争夺主导权。2004年，数字广播电视方式终于在信息通信部、广播电视委员会、KBS和全国新闻舆论工作者工会的四方会谈中达成了共识，这是一个很大的变化。工会作为主要利益相关者正式参与到媒体政策的制定中来。工会作为媒体政策的参与者出现，而且超越了传达民众意见和充当顾问的辅助作用，发挥了主导作用。

当然，民间社会并没有无条件地否定媒体融合。与过去相比，媒体用户更积极地通过使用各种形式的媒体来分享信息。基于此处形成的"融合"，围绕互动形成了一种参与文化。市民社会已经开始关注媒体数字化的影响，市民与其他群体之间，以及在群体间的联系和交流有着显着的增加。

因此，民间社会认为，即使引入IPTV，也应与制度措施一起讨论，

---

[1] 民主媒体市民联盟（2003），《致韩国广播电视委员会关于"暂停数字广播转换时间表并敦促政策审查"的声明》，2003.8.27。

以防止因广电融合趋势而导致的公共服务收缩。民主新闻运动联合会认为，为了防止有偿商业服务泛滥而导致公共服务收缩，必须进行制度性的补充。比如改善地面接收环境，确保免费服务的普及。同时还强调公共广播电视台的财务透明和高效运营管理方式。通过这些改进收费制度。此外，还应该加强讨论广播电视公共职能的措施，例如有效地运营公共广播电视和提高公共利益。

民间社会认为，IPTV 应由广播电视监管机构作为"广播电视服务"的一种类型进行监管。信息通信部反对将 IPTV 看作是一种融合服务的观点，认为 IPTV 是一种包括频道和节目内容的"广播电视服务"。而在用户的立场上，IPTV 与有线电视是无法区分的。民间社会在 IPTV 监管方面，认为应实行网络、平台、内容三部分的监管体系，不应让网络运营商独占 IPTV 业务。此外，应规制订阅用户的占有率，从而确保意见的多样性，并应通过节目编排规定施加地方多元化的义务。[①]

每当引入新媒体和服务时，民间社会都会反复强调这一立场。有人认为，公共性原则应适用于媒体融合中出现的所有服务。尽管民间社会承认媒体融合是大势所趋，但大多只是表面现象。在所有情况下，民间社会都坚持将公共性作为首要任务。但强调媒体的公共性在后来却逐渐退化成为一种政治诉求。

---

① 民主媒体市民联盟（2006），《IPTV 应作为广播电视服务引入》，2006.10.21。

09 韩国广播电视通信委员会的成立

随着报纸、广播、电信和互联网的融合正在积极展开，媒体融合监管框架和监管机构重组的讨论也积极地推进。韩国广播电视通信委员会作为媒体融合监管机构被讨论了很长时间，并最终得以推动建立。

2000年《广播电视法》颁布以后，韩国广播电视委员会成为负责广播电视政策的政府部门。但讨论此次改组的广电改革委员会首先确立了韩国广播电视委员会的地位，然后提议将其扩大到韩国广播电视通信委员会。也就是说，韩国广播电视通信委员会在2000年就已经产生了初步的构想。随着广播电视和电信领域的数字化和融合发展，广播和电信之间的传统区分变得越来越困难，对现有的广播与电信分离的监管制度存在很多的质疑。数字化和融合的影响随着时间的推移而扩大。可见数字化和融合对媒体领域的影响是非常巨大的。通过数字电视市场的发展，市场准入增加和自由化。竞争的可能性增加，提供多种创新服务成为可能。在融合市场上竞争更加激烈。随着新业务的发展，原有的广播监管体系面临着变革的压力。将两种监管制度合二为一的呼声越来越高：一方面是频道管理和ICT市场相关的监管，另一方面是满足国家认同和文化多样性等社会文化确立目标的监管。因此，现有的广播和电信领域中各自存在的单独监管体系出现了很大的问题，它们没有一个一致且灵活的系统来响应广播和电信的融合。[①] 在此背景下，政府于2008年启动成立了韩国广播电视通信委员会。作为同时管理广播和电信的部门，其目标是适应媒体融合和促进传媒产业的新发展。

监管规制相关的世界性浪潮

早在2000年代，广播电视和电信相关政策和监管机构的统一已成为全球普遍趋势。当然，各国广电、电信相关的法律制度、政策和监管机构的形式各不相同，但在统一的大趋势中有一个共同点。它大致可以分为三种类型。

首先，它是一个单一独立委员会的类型。美国联邦广播电视通信委员会（FCC, Federal Communications Commission）就是一个代表性的例子。FCC负责广播电视和电信部门的政策和法规。它的历史可以追溯到1932年。美国还建立了统一广播和电信的单一电信法案体系《1996年电信法》。

其次，政府部门类型单一。日本总务省就是一个例子。日本的法律体系虽然具有广播电视和通信分离的结构，但在政策和监管机构方面具有保持一体化结构的特点。在邮政服务之后，总务省负责与广播电视和通信有关的行政和监管事务。在广播电视和通信融合出现之前，日本的广播电视和通信相关组织具有一体化结构。日本对广播电视和通信融合的反应很快。在2001年颁布了"利用电信服务的广播电视

---

① OECD (2004).《趋同对电子通信监管的影响》，OECDDSTI/ICCP/TISP。

法"，允许使用通信网络的广播电视服务，也允许电信服务提供商提供广播电视服务。

再次，政府部门与委员会共存。这方面的例子可以在欧洲和一些亚洲国家找到。特别是在欧洲，监管体系根据欧盟2002年公布的指导方针进行了重组，欧盟自1995年以来一直在为广播电视和电信的融合做准备。按照这一指导方针，英国、法国等欧洲主要国家已经开始重组其法律和制度。就英国而言，长期以来，《广播电视法》和《通讯法》具有分离的双重法律体系，政策和监管机构也保持着独立的体系。然而，在2003年，《广播电视法》被扩展为《2003通讯法案》（Communication Act 2003），并成立了通信管理局（OFCOM, Office of Communications）以统一法律体系和监管机构。英国通信管理局（OFCOM）是由独立电视委员会（ITC, Independent Television Commission）、广播标准委员会（BSC, Broadcasting Standards Commission）、无线电管理局（RAU, Radio Authority）、电信办公室（OFTEL, Office of Telecommunications）和无线电广播电视通信委员会（RA, Radio communications Agency）的等五家机构合并组成的。

英国通信管理局（OFCOM）是一个涵盖经济监管、内容监管和频率相关业务的单一监管机构。英国通信管理局（OFCOM）作为独立于行政部门的监管机构，向议会报告并履行广播电视和电信的监管职能，例如频率、竞争政策、监管和审议职能。此外，英国公平贸易处（OFT）也在很大程度上接管了监管广播电视和电信部门不公平贸易的权力。

英国通信管理局（OFCOM）的监管目标是确保充分的监管和竞争。它是通过一个鼓励在广播电视和电信部门进行适当监管和竞争的监管机构来保障市民和消费者的权益。因此，其目标是在支持技术创新者和投资者，以便所有运营商都能在市场上充分公平地竞争。此外，它还推动了涵盖广播电视和电信所有领域的横向监管计划，以及确保广播电视台和电信运营商之间公平竞争的计划。①

2004年7月，法国颁布了统合广播电视和通信相关的综合法《电子通信和视听通信服务法》（*Loi relatif aux communications lectroniques et aux services de communication audiovisuelle*）',由广播委员会（CSA）和电信管理局（ART, Autorit de Regulation des Telecommunications）分管。结果，ART监督所有电子通信领域的权力得到了扩大，CSA在广播电视领域的权威得到了认可。ART已获得对电子通信网络（包括有线网络）和一般通信服务（不包括内容服务）的经济监管权。特别是ART的独立监管权限得到加强，以确保其监管作用的有效性，保障该领域的竞争不侵犯消费者的利益。同时，CSA有权监管所有使用地面、有线、卫星和互联网的电视和广播服务。此外，还给出了传播自由的基本原则，例如信息多样性和保护未成年人，以及与履行公共广播电视特有的职责相关的义务，还有与使用无线电波相关的职责。

加拿大与英国一样，广播电视和电信的政策职能是分开的，而监管职能则是一体化的。文化部行使广播电视相关政策职能，工业部负责通信技术政策。但是，广播电视和电信的监管职能由统一的监管机构加拿大广播电视电信委员会（CRTC, Canadian Radio Tele vision and Telecommunications Commission）行使。

---

① Smith, P. (2006), "英国电视政策的政治：Ofcom的形成"，《媒体、文化和社会》，28(6). 929-940。

澳大利亚分为信息通信文化部和澳大利亚通信与媒体管理局（ACMA, Australian Communications and Media Authority）。

结合世界上这些主要国家的案例可以看出，每个国家都有不同的广播通信监管机构体系。在广播电视和电信融合之前，单一部门形式或单一委员会形式已经通过共同管理这两个领域来处理融合情况。在这些国家融合进展迅速，融合产业和服务的政策法规得到迅速地落实。另一方面，欧洲和其他广播电视和电信分离的国家试图适应变化，从2000年代初开始，经过1990年代中期之后的多次讨论，整合了这两个领域的监管体系，或者在整合的情况下调整了它们各自的角色。因此，这一全球趋势也对韩国产生了巨大的影响。

韩国政府内部的冲突和延误

自2000年以来，关于广播电视与信息通信组织整合的讨论有很多。然而，有很多意见认为为时过早，因此只推进了韩国广播电视委员会的重组。但是，由于广播电视政策的制定和广播电视营业执照的审议由韩国广播电视委员会进行，而广播电台许可证和广播技术政策则由信息通信部进行，电影振兴政策则由文化观光部进行，这种三权分立的问题一直被诟病没有得到解决。

为此，卢武铉政府于2003年宣布计划成立韩国广播电视通信委员会，并为此先设立了广播通信改革促进委员会。此外，政府还宣布了根据广播电视和通信的融合修订法律制度。但由于卢武铉政府在运作中遇到了早期被弹劾等困难，因此没能最终实行。之后2006年7月，广播电视通信融合促进委员会成立，制定了广播电视通信监管机构的重组计划。广电融合推进委员会提议成立"总统直属共识型行政机关"，整合广电和电信相关的职能。总统任命了五名成员，包括一名部长级委员长和一名副部长级副委员长，并让民间机构进行广播电视和通信内容以及道德审议。然而，这一改革方案遭到了政界、广电界和民间社会的强烈反对。民间社会反对总统任命常任委员认为破坏了广播电视的独立性。此外，作为整合组织轴心的韩国广播电视委员会也强烈反对，因为如果整合它将被信息通信部吸收掉。当时也正处于卢武铉政府执政末期，故此通讯融合组织没有再继续推进。

然而，这一提议被2008年上台的李明博政府接受，成立了韩国广播电视通信委员会。韩国广播电视通信委员会（KCC）是总统授权下的共识型行政机构，由执政党三名成员和反对党两名成员推荐后，由五名常任委员组成。这是韩国首次建立广播电视和电信的综合监管机构。

对于韩国广播电视通信委员会的成立有很多讨论，包括从简单的利弊到组织的作用等。然而，作为韩国广播电视通信委员会主要存在两个争论。一是广播电视和电信融合后的组织重组将根据政策职能和监管职能是分离还是整合的分歧；另一个是需要考虑新组织的地位是部委型行政机构还是共识型行政机构。在综合这些争论的基础上，韩国制定了广播电视和通信融合的监管体制改革方案。

韩国广播电视委员会认为，即使在广播电视和电信融合的大环境下，也需要一个既能保护广播电视的公开性、多样性和独立性，同时也可以根据技术发展和谐地促进相关产业振兴的综合组织。因此需要一种全面的制度保障体系，讨论准入规定、兼营政策、渠道政策和广告政策等问题。整合的范围还侧重于建立一个监督广播电视和电信政策和监管职能的组织。

另一方面，信息通信部认为，即使根据广播电视和通信的融合引入融合服务，广播电视和通信的独特领域也应并存。因此，他们提出了一种政策和监管职能的二元化模式，并建立第三方机构来负责新的服务。信息通信部负责处理信息和通信，所以它是从对行业市场友好的角度出发，担心广播电视的公共性会干扰并扩展到互联网和信息通信领域。

表 9-1　关于广播电视与通讯融合各部门的立场

分类	广播电视委员会	信息通信部	文化观光部
媒体概念	作为舆论的媒体	作为产业的媒体	作为文化媒体，文化产业
规制范围	媒体事业者	传送网络	媒体内容
《传媒法》的规制范围	媒体事业者的许可与规制	技术政策	培育内容产业
统合机构	管理所有有关机构的统合机构	在维持基本体制的前提下进行融合	只负责规制的统合机构
广播电视通信委员会设立的立场	以广播电视通信委员会为中心统合	通过事后管理进行内容审议	文化振兴部分由文化观光部负责
新的服务	导入特别媒体的概念 - 按照媒体事业者规制	媒体通信融合服务事业法 - 以网络事业者进行规制	

在韩国，按照惯例监管和政策是由一个部门处理的。在广播电视方面，公共服务政策是通过电视台准入条例和业务条例来实现的。将无线电视台限制在 KBS、MBC、SBS、EBS 以及各地方电视台原因，

在于这些电视台的节目都是为了提供作为媒体的普遍公共性服务，以建立文化认同。此外，他们还试图通过限制大企业、外国资本和报纸新闻媒体扩张到无线电视台领域来防止媒体垄断并确保媒体多样性。在内容方面，旨在通过规范外包制作配额，增强独立制作方在内容制作方面的竞争力，发展视频产业。通过将独立制作公司或非网络节目等外包制作比例控制在35%以上，增强独立制作公司的竞争力。

在电信行业，政策和监管职能几乎也实现了一体化。政府还通过电信行业的监管政策促进了电信行业的振兴。在履行监管职能的过程中追求产业政策目标，例如考虑通过对电信运营商的费率监管来确保进入新业务领域所需的投资资源。

从电子通信行业的特点和经验来看，政策与监管职能难以明确区分，整合监管和政策职能非常重要。有利于促进行业的成长和发展，这样的观点得到了支持。这在作为新增长引擎产业的核心之一广电融合产业也有同样的需求。

因此，即使同一机构综合执行政策和监管职能，也能够确保监管职能的公平性和独立性也不会有任何困难。而且大多数人认为，通过政策和监管职能的综合实施来创造协同效应可能更为必要。此外，作为一个同时具有网络性和公益性特点的电子通信行业，其监管政策（对经营者的监管）就是为了产业发展和维护公共利益，它可以用作政策工具。因此，对广播电视和通信的政策和监管职能放在一起发挥作用是可取的。更重要的是，为了促进媒体融合产业发展的政策目标，通过推动IPTV服务、报纸和广播电视等媒体融合，建立有线和无线融合网络，4G无线技术的普及，有必要建立一个兼具政策和监管职能的组织。

09 韩国广播电视通信委员会的成立

另一方面,关键是融合组织如何确保广播电视的独立性。为确保独立性,广播电视政策的管辖权曾经从一个政府部门转变为共识制机构。换句话说,如果政府部门负责政策职能,广播电视委员会负责广播政策,那么广播电视的政治独立性很可能受到侵犯。广播电视自成立之初就受到当时政府或统治机关的直接影响,这种历史经验教训成为广播电视行业长期以来一直强调独立性话题的背景。因此,根据2000年的《广播电视法》,韩国广播电视委员会负责政策和监管职能。此外,由于存在广泛的社会压力,人们迫切希望形成一个具有监管功能的社会一体化组织作为共识系统。因此,有很多意见认为,由广电综合监管机构选择共识制度的方向是现实的。

广电一体化组织最终被定位为一个兼具政策和监管职能的基于共识的管理委员会,并决定韩国广播电视通信委员会将具有总统直属的行政委员会的地位。这是因为比起把广播电视通信委员会设置为总理下属机构的情况相比,总统直属该组织的代表性和民主性、政治中立性和公平性、政策职能和政策履行等诸多方面来看都会更有利一些。因此,韩国广播电视通信委员会以总统直属的共识制度形式成立,保证政治中立和履行职责的独立性。此外,制度的有效补充也是必要的。韩国广播电视通信委员会的目标是信息化发展、制定和修改信息通信和广播电视行业的相关法律、制定长期发展规划、国际合作和国际谈判以及公共关系。

在韩国广播电视通信委员会的监管职能中,将网络监管和内容监管(文化道德性)分离作为独立职能来施行,这被认为是可取的。在内容监管方面,韩国广播电视通信委员会负责整体政策职能,而具体执行职能则由自律监管机构韩国通信审议委员会负责。韩国通信审议委员会是整合了广播电视内容审查职能和曾经由信息通信伦理委员会主管负责的信息通信内容审查职能。

市场的复杂反应

以韩国广播电视通信委员会的成立为契机，政府坚持通过放宽广播电视和电信领域的监管，以增强广播电视和电信行业的竞争力，振兴广电通信融合服务。其中，放宽广电业务的准入、所有权和兼营管理限制，放宽并购限制，取消大型企业和报业的综合电视频道限制和新闻频道的准入限制，允许报纸和广播电视的兼营管理。

按照这个目标，媒体公司开始了跨行业的融合。报纸媒体将其视为媒体融合的大好机会。对于报纸媒体来说，这是弥补销量下滑的绝好机会。因此，报纸媒体设定了通过申请综合节目频道实现报纸和广播电视兼营的目标。报纸媒体认为，韩国广播电视通信委员会作为媒体融合部而诞生，将有利于促进媒体融合。韩国广播电视通信委员会宣布指定新的综合节目频道运营商的政策是正确的发展方向，并应该进一步推动法律和制度改革以培育复合型的媒体集团。[①]

但是，广播电视台的立场不同。他们担心韩国广播电视通信委员会可能会实施偏重通信而忽略广播电视的政策。就 KBS 而言，人们担心韩国广播电视通信委员会的设立不会区分广播电视和电信，而是更愿意从行业角度对其进行监管，因此有必要对官营电视台进行单独监管。他们辩称，韩国广播电视通信委员会处于总统的权力之下，因

---

① 中央日报，2009.5.11。

此侵犯新闻自由的可能性很大。此外，他们还表现出一种批评立场，即委员会的组成具有党派性，决策过程是封闭的，无法透明地反映各种社会利益，也无法形成社会共识和监督。[①] 韩国广播电视通信委员会成立时，KBS 正在使劲全力提高收视费维持经营。因此，他们对市场逻辑占据优势表示担忧，并表示应保留官营媒体的身份，并以增加政府财政收入的逻辑上调收视费。

另一方面，电信运营商对韩国广播电视通信委员会的成立表现出积极态度。通过推广卫星电视和 IPTV，KT 在媒体行业发挥了重要作用。SK Telecom 和 LG U+ 也提供了 IPTV 服务，他们希望扩大这些领域。因此，建立一个综合性的广电和电信监管机构被认为是有利的。

媒体公司也普遍认为韩国广播电视通信委员会的设立很重要。特别是广电行业努力让广电系统的人被任命为韩国广播电视通信委员会的成员。结果，在 2008 年韩国广播电视通信委员会成立之时，有一位来自广电行业的人士被任命为韩国广播电视通信委员会的常任委员。

民间社会的干预

民间社会认为，广播电视的独立性和公共性是韩国广播电视通信委员会成立时最重要的价值观，如何做到这一点也很重要。根据广播电视和通信的融合，民间社会也对统一法规表示同意。认为建立一个单一的监管机构韩国广播电视通信委员会是时代的要求。此外，有必

[①] 金大锡（2008），韩国广播电视通信委员会设立法案，有什么问题？《KBS 开放庭院》，45，2008.2.1。

要统一广播电视和通信相关法律体系。但是，由于广播电视是保护韩国文化的重要渠道之一，应该考虑文化的特点。即使在广播电视和通信融合的情况下，其公共性和公益性也应当优先考虑。①

2006年12月，民主新闻运动市民联盟强烈批评政府提出的设立韩国广播电视通信委员会的法案。在韩国广播电视通信委员会成员的组成规则中提到"各行各业的代表人士"，民间社会认为它可能包括来自大企业的人员和官员，因此提出了反对。此外，根据《政府组织法》设立的韩国广播电视通信委员会作为中央行政机构，明确规定："总理监督行政的权力不适用于与广播电视有关的事务。"提高广播电视的独立性对于保证韩国广播电视通信委员会的独立性和地位是至关重要的。但民间社会认为它形同虚设，根本没有效果。他们甚至宣称："绝不能忍受经济官僚践踏广播电视与通信的公共价值。"②

民间社会还反对总统任命韩国广播电视通信委员会成员，认为这样会破坏广播电视的独立性。他们担心韩国广播电视委员会可能被信息通信部吸收，而不是韩国广播电视委员会和信息通信部合并。

媒体工会等担心广电与电信的融合可能导致电信运营商资本逻辑占主导地位的风险。他们批评庞大的电信资本以广电融合为借口，企图破坏广播电视的普世性。③

2008年1月，54个民间媒体组织结成了名为"防止舆论私有化和扩大媒体公共性的社会行动"（以下简称"媒体行动"）的民间社

---

① 金光范（2003），为统一广播电视和通信法规设立的韩国广播电视通信委员会，韩国舆论信息学会 学术大会发表文，85-97。
② 民主媒体市民联盟（2006），《IPTV应作为广播电视服务引入》，2006.10.21。
③ 尹锡民、金秀贞（2005），"有关广播电视和通信监管机构整合的讨论现状与展望"，《韩国新闻协会研究报告》，1-59。

会团结组织,以反对韩国广播电视通信委员会的政策。他们认为该组织提出的政策将导致媒体公共性的致命倒退,例如公共广播电视台私有化,允许报纸和广播电视的兼营有可能加深舆论垄断,停止对替代媒体的政策支持领域。此外,媒体行动建议韩国广播电视通信委员会转为非政府附属组织,因为它是负责媒体政策的主要部门,应该从韩国总统的行政委员会独立。设立韩国广播电视通信委员会的目的是考虑在广播电视和通信融合后促进行业发展,但社会舆论也不容忽视。因此,为了保障韩国广播电视通信委员会的独立性,他们建议建立一个无所属的独立共识系统。[1]

该措施最终未被采纳。然而,媒体行动宣布将会更积极地干预,并致力于争取媒体的公共性。[2]

通过成立公共媒体研究所,确立媒体公共性的理念、战略和战术议程。我们将致力于确保所有媒体中的文化(全球、多国、区域等)和舆论多样性领域都能够轻松地访问到。此外,我们致力于提供公共性媒体内容,形成超越主流、独立的制作人网络,通过支持和激活地方媒体,构建覆盖全国的媒体网络。此外,还将积极与社会运动相结合,争取加强社会公共性。

从上面也可以看出,民间团体将公共性作为重中之重。它传播了一种无条件优先公共性的意思,而不去深究公共性到底是什么,以及为什么重要的问题,抑或是在媒体融合的情况下公共性的意义如何发生变化。相反,市民团体给人的印象是,更注重以公共性为名义增加市民的参与。市民团体的参与本身不是问题。然而,在与媒体相关的

---

[1] Medias (2008),《扩大媒体公共性的社会行动》,2008.1.29。
[2] 阻止媒体私有化和扩大媒体公共性的社会行动(2008),成立宣言,2008.1.29。

市民社会主要由左倾市民团体组成并强调片面意识形态的情况下，公共性被大量用作在媒体中传播左翼意识形态的群众运动部分。关于韩国广播电视通信委员会成员的任命，民间团体批评政府将"商业友好"政策原则应用于媒体政策，认为"它表现出关注行业利益而不是公共利益的倾向"。民间社会批评说，"韩国广播电视通信委员会第一任委员长独断专横地操控着韩国广播电视通信委员会，他试图将媒体作为一种治理手段，这破坏韩国广播电视通信委员会作为一个共识机构的性质和政治独立性。"[①]

综上所述，民间社会表现出对韩国广播电视通信委员会的批评同时又积极参与其中的两面性。当韩国广播电视通信委员会有一名委员辞职时，媒体行动立即发表评论说："民主党以加强媒体公共性作为党论，我们极力反对大国家党制定的传媒法，韩国广播电视通信委员会的继任委员应该任命一位可以在这种情况下继续的人。"由此提议在媒体民间社会团体和民主党之间成立一个联合推荐委员会。最终市民团体和在野党推荐的人成为韩国广播电视通信委员会的委员。由此可知，市民群体已经不再是局外人了，而是以参与者的身份直接参与到媒体政策中来。

[①] 今日媒体（2011），"韩国广播电视通信委员会委员长崔始中连任是'破坏政治中立'的争议"，2011.3.23。

10 修订《传媒法》和传媒合营管理

2009年，为了应对报纸、广播、电信和互联网融合的媒体环境，韩国对《传媒法》进行了修订。在这里，《传媒法》有三项法案需要修改：《广播电视法》《保护报纸等自由和功能保障法》（简称《报纸法》）和《互联网多媒体广播业务法》（简称《IPTV法》）。10年来首次上台的右翼政府，推动了加强媒体行业竞争力的政策。2008年以来，政界、媒体界和民间社会对《传媒法》的修改展开了激烈的争论。尽管是由国民议会决定的，但反对党仍以法律存在缺陷为由向宪法法院提起了诉讼。后来，宪法法院裁定，决策过程有问题，但《传媒法》本身没有问题。[①]

传媒法修改的主要内容是放宽所有权和兼营限制，允许报纸和广播电视兼营，确保舆论的多样性，并重组广播电视广告制度。

世界各国的传媒合营趋势

每个国家都有不同的媒体合营方式，但共同点是允许合营。在美国，同一地区内[②]不允许报纸和广播的合营，但允许在不同地区的同

[①] 宪法法院（2009），关于"请求判决传媒法权限纠纷"的决定。
[②] 指定测量区域（Designated Measurement Area）：广播区域根据电波范围划分为210个。

时经营。因此，媒体公司的目标是建立一个以复杂方式经营报纸和广播等媒体的媒体集团。新闻集团拥有四大电视台之一的 FOX 和《华尔街日报》。《华盛顿邮报》拥有包括底特律和休斯顿在内的 6 个地方电视台。美国论坛公司在各地方拥有 23 个电视台，此外还包括《洛杉矶时报》和《芝加哥论坛报》。2007 年，美国联邦广播电视通信委员会决定允许报纸和广播在同一地区合营，但由于国会的反对而被取消。

在日本，报纸和广播合营是很自由的。因此，五家报社是日本最大的五家地面民营广播公司的主要股东，并通过进军电影公司和新媒体广播，将自己的规模扩大到媒体集团。《读卖新闻》通过扩展成为经营包括日本电视台在内的读卖媒体集团，发展成为日本最大的媒体集团。《朝日新闻》经营朝日电视台，《每日新闻》经营 TBS。《日本经济新闻》经营东京电视台。《产经新闻》和富士电视台联合组成富士产经集团。

在英国，报纸和广播的合营原则上是允许的，但会根据市场份额进行限制。全国报纸市场份额超过 20% 的报纸被限制进入私营地面广播（Channel3、Channel5），但份额低于 20% 的报纸可以自由进入广播。限制拥有 20% 或以上地面广播市场份额的广播电视台进入报纸市场。除以上情况之外，是可以自由地进行合营的。

德国原则上也允许报纸和广播公司同时经营，但对市场份额进行了限制。即允许不超过 30% 转播市场份额（收视时间份额）的运营商合营。

在法国，报纸和广播公司原则上都是允许的，但基于市场规模和公司数量的限制规定了适用条件。①

这样世界各地的媒体公司都致力于成为一个兼办报纸和广播电视的媒体集团。同时为了防止舆论垄断，在允许报刊广播合营的同时，也以市场份额为限。因此，全球多媒体公司的成长和报纸广播的合营是全球媒体发展的大趋势。

振兴韩国传媒产业，确保媒体多元化

2008年成立的右翼政府试图通过放松对媒体所有权和合营的限制来振兴传媒产业。为了应对媒体之间的界限模糊、媒体相互融合的环境变化，有必要通过放宽禁止合营管理等规定来确保传媒行业的竞争力。对于所有权的限制，以及允许资本进入的标准，都应以用户的便利性为重点。特别是，通过允许媒体之间的合营确保了内容竞争力，这可以看作是克服媒体之间的差异化解除内容生产能力的限制的一个契机。此外，这些所有制和合营的规定比之前的规定有所放松以后，政府还将致力于准备补充措施，以确保舆论的多样性。②

赞成和反对报纸和广播合营的争论非常激烈。关键问题是报纸和广播电视台是否会垄断舆论。

支持合营的人认为，媒体可以多元化，舆论垄断的担忧可以得到解决。报纸的影响力越来越小，媒体越来越多样化。报纸在互联网上

---

① Noam, E, & 国际媒体集中合作（2016），《谁拥有世界媒体？：世界各地的媒体集中度和所有权》，牛津大学出版社。
② 金泰伍（2011），"传媒法的主要问题和内容"，《经济法规和法律》，第2卷第2期，182-186。

的使用正在增加，依赖互联网而不是报纸进行信息使用的趋势正在增加。合营可以使报纸的核心竞争力多样化。公司为了积极应对报业低迷（读者人数减少，报纸广告收入减少），进军新媒体是一种自然的策略。可以通过视频媒体利用现有内容来增加收入和知名度，从而在媒体行业产生协同效应（一源多用）。此外，通过将报纸在新闻报道方面的竞争力扩大到广播电视等其他媒体，可以引起媒体机构之间的竞争，提高新闻质量。2014年，美国《纽约时报》在其创新报告中将"数字优先"作为最重要的价值，计划推出一个集报纸、互联网和移动设备于一身的新闻编辑室。

另一方面，反对报纸和广播合营的观点则认为，不管有多少媒体，舆论垄断的可能性都很大。报纸和广播媒体都可以极大地影响舆论的形成。因此，如果不能保证所有权的多样性，就很难实现政治和文化的多样性。特别是当各大报纸进入广播电视台以后，意见会出现垄断，这将无法很好地反映社会问题，同时这也是民主社会的危险信号。最重要的是，如果媒体业务集中在少数人手里，舆论的多样性极有可能被侵犯，这也是值得担心的，将会出现编辑独立性受到侵害和新闻业的危机。这样可能排除各种声音，特别是，最可能排除批评的意见。

这些赞成和反对的声音僵持对立着。对此，政府建议以市场份额做为合营限制补充，以防止舆论垄断，同时体现媒体融合。

2009年1月，政府发表题为《媒体相关改革法案对于振兴经济、推动传媒产业发展、解决媒体垄断和监管至关重要》的声明。政府在声明中说："由于迫切需要培育媒体集团，为此希望放宽过度合营管控的市场准入规定。"政府表示，"应对媒体融合环境的变化，增强传媒产业竞争力、振兴市场是绝对必要的。""先进国家已在大胆废除相关的准入限制规定，以应对这一时代潮流。"

最终，2009年7月，韩国议会通过了三项传媒法：《广播电视法》《保护报纸等自由和功能法》（简称《报纸法》）和《互联网多媒体广播业务法》（简称《IPTV法》）。因此，全面禁止报业公司在广播电视台中的股权上限的规定被取消，报业公司可以拥有地面广播10%的股份，在综合编成频道和新闻频道最多可持有30%的股份。

另外，根据《报纸法》，允许大企业在日报中获得或拥有最多50%的股份，通过取消对股票和股份的收购限制，日报的控股股东可以同时拥有多家报纸。个人在地面/综合编成频道和新闻频道中所占的最大份额提高到66%，外国人可以拥有高达60%的综合编成频道和新闻频道的股权。

法律修改后，韩国广播电视通信委员会开始了综合编成频道和新闻频道选择运营商的程序。6家运营商申请了综合编成频道领域，5家运营商申请了新闻频道领域。2010年12月31日，《朝鲜日报》《中央日报》《东亚日报》《每日经济》被选为综合编成频道运营商，《韩联社》经评审委员会审核后被选为新闻频道运营商。[①]

表10-1　《传媒法》修订以后关于所有制与合营的规则放宽

所有主体 所有对象	大企业	外国资本	日报新闻.新闻通信	1人股份
地上无线	禁止→10%	禁止	禁止→10%	30%→40%
综合编成PP	禁止→30%	禁止→20%	禁止→30%	30%→40%
新闻报道PP	禁止→30%	禁止→10%	禁止→30%	30%→40%

---

① 韩国广播电视通信委员会（2011），《综合编成，新闻报道专业PP批准的白皮书》。

续表

所有主体 所有对象	大企业	外国资本	日报新闻.新闻通信	1人股份
卫星平台	49%→废除限制	33%→49%	33%→49%	-
SO平台	-	49%	33%→49%	-
IPTV平台	-	49%	49%	-
一般PP	-	49%	-	-

政府修订了《传媒法》，采取措施放宽对媒体所有权的限制，例如允许报纸和广播合营，同时建立防止媒体合营而可能产生的舆论垄断的预防机制。政府成立了媒体多元化委员会，并制定了确保舆论多元化的监管措施。为防止垄断市场的报纸和广播合营侵犯舆论多样性的现象，将一家运营商的收视份额限制在30%以下。此外还开发了媒体影响力指数，将日报订阅率换算成市场占有率用于和视听媒体的收视率统一。制定超越报纸、广播、互联网等媒体边界的交叉所有制媒体综合影响指数，旨在实现保障舆论多样性和媒体多样性的政策目标。

综合编成频道的影响

随着媒体所有权和合营法规的放宽，媒体市场规模不断扩大。特别是，为报纸进入综合编成频道开辟了道路。报纸在一开始就陷入了严重的危机。根据2008年韩国报纸广播年鉴，2007年报纸的定期订阅率为36.8%，几乎是1996年69.3%的一半。根据《2008年媒体受众认知度调查》，用户平均每日媒体使用时间为报纸41.1分钟、地面电视 125.2 分钟、互联网 110.5 分钟等。报纸保持在杂志（21.6 分钟）和 DMB（39.2 分钟）之后的最低水平。因此，报纸积极谋划进入电视频道。通过电视频道新闻报道可以产生协同效应并创造新的收入来源。此外，人力和新闻资料也可以联合使用，扩展成为报纸以外的媒体。因此成为综合编成频道已是报业的不二之选。

特别是，报纸媒体认为要想与全球媒体竞争，就应该促进规模经济和媒体融合。应该培养全球媒体集团，制作具有国际竞争力的内容，与世界领先的媒体集团交换同等资格的内容。因此，在选择综合编成频道的运营商时，着重选择具有这种意志、目标和能力的企业家，这对于媒体行业的未来是必要的。[①]

付费电视平台也积极看待综合编成频道的推出。IPTV、有线 SO、卫星广播等对新频道提供的内容数量和质量都将有很大程度的提升持积极态度。在提供有竞争力的内容方面和确保各类内容以提高对客户的吸引力方面都产生积极的影响。此外，义务性传输频道数量的增加，也可能对保护新频道具有积极意义。而且预计将对与地面广播公司的内容供应谈判产生积极影响。

PP（广播电视频道运营商）看到优势和劣势并存。如果新频道的竞争力增加，对 PP 行业是利好，可以增加 PP 行业的竞争力。然而，随着 PP 之间的竞争加剧，预计销售和广告市场将出现竞争。此外，由于收视率恶化，预计单个 PP 将失去频道竞争力。除 MPP 外，中小型独立 PP 预计将因竞争而遇到困难。

---

① 中央日报，2009.10.31。

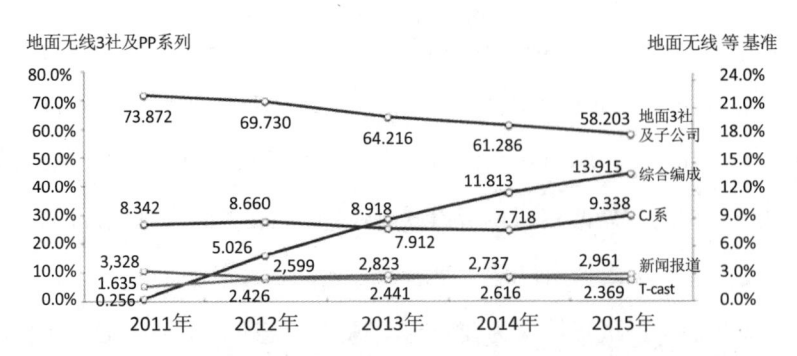

```
地面无线3社及PP系列                                    地面无线 等 基准
80.0%                                                  24.0%
70.0%  73.872   69.730                         58.203  21.0%  地面3社
60.0%                    64.216   61.286                      及子公司
50.0%                                                  18.0%
                                                       15.0%
40.0%                                          13.915         综合编成
                                       11.813
30.0%   8.342   8.660    8.918                 9.338   12.0%  CJ系
                                7.912  7.718            9.0%
20.0%            5.026                                  6.0%
10.0%   3,328   2,599    2,823   2,737 2,961            3.0%  新闻报道
        1.635                                                 T-cast
 0.0%   0.256   2.426    2.441   2.616 2.369            0.0%
        2011年  2012年  2013年  2014年 2015年
```

图 10-1　地面无线频道，综合编成频道，CJ 系 PP 收视占有率的变化

另一方面，地面广播电视台担心，由于综合编成频道的出现，竞争对手增加，他们过去无可比拟的地位会下降。媒体对观众的垄断力会减弱，广告市场面临分化，广告销售可能下滑。在广告市场蛋糕并不大的情况下，预计广告收入会有所下降。

地方媒体公司反对报纸和广播公司等媒体公司合营，担心他们自身的影响力会降低。地方报纸在该地区舆论塑造中起到辅助作用的情况下，他们认为报纸和广播的合营会带来损害。

就这样，媒体运营商对综合编成频道的出现表现出了不同的立场。

综合编成频道开播初期经历了诸多困难，如四个频道的收视率均低于 1%。节目占比方面，时事/媒体节目占比较高，重播占比也较高。频道管理余额也一直亏损。2012 年，某个综合编成频道运营商的经营亏损为 3097 亿韩元。

然而，随着时间的流逝，综合编成频道找到了自己的位置，并通过扩大销售确立了自己的地位。四大综合编成频道的收视率持续上升，从 2011 年的 0.296% 上升到 2012 年的 5.026%、2013 年的 8.918%、

2014年的11.813%，开播四年后收视率超过10%。①

综合编成频道还开发了现有地面广播频道无法看到的新的节目形式，开发了融合文化和娱乐的信息娱乐节目，通过开发面向中年人的脱口秀节目，推进了与地面广播电视台不同的差异化战略。

表10-2　收视率趋势（2011—2018）

		2011	2012	2014	2016	2018
KBS	地面无线	35.951	36.163	31.210	26.890	24.982
CJ E&M	PP	9.168	9.384	8.713	11.000	12.637
MBC	地面无线	18.374	16.022	15.633	12.465	12.138
JTBC	报纸新闻	7.380	7.878	7.490	9.453	9.000
SBS	地面无线	11.173	11.408	9.108	8.661	8.544
TV朝鲜	报纸新闻	9.102	8.785	9.440	8.886	8.357
Channel A	报纸新闻	3.771	5.874	5.776	6.056	5.832
每日媒体	报纸新闻	2.809	3.310	4.572	5.215	4.990
Tcast	PP	3.387	2.822	2.965	2.970	2.872
EBS	地面无线	2.194	1.935	2.653	2.180	2.245

出处：广播电视通信委员会（2012-2019）《市场占有率结果》。

此外，通过对地面广播电视频道和综合编成频道覆盖了多样性指数的比较分析。研究结果表明，综合编成频道的出现增加了广播电视市场报道的多样性。现有地面广播电视覆盖面与综合编成频道覆盖面存在差异，新闻话题的多样性、记者的多样性、主播和记者的多样性

---

① 韩国广播电视通信委员会（2016），2015年电视频道收视份额调查结果。

总体上有所提高。[①]

与此同时，韩国广播电视通信委员会（KCC）计算并公布了观众份额，这是有史以来第一次调查媒体的综合影响力。这是舆论在报纸和广播电视中的综合影响。

除了报纸和广播电视，互联网媒体的使用也在增加。将互联网也包含进来的呼声与日俱增。文化体育观光部认识到了这一点，于是成立了舆论集中度调查委员会，调查并公布舆论在包括互联网在内的媒体中的影响力。

表 10-3 媒体合算的舆论影响力占有率（以 2015 为准）

分类	2014 年	2015 年	2016 年
NAVER	17.3	18.1	20.8
KBS	18.8	17.0	16.2
DAUM	8.9	7.3	9.3
东亚日报	6.2	7.6	7.1
朝鲜日报	9.9	8.8	6.9
MBC	7.2	7.3	6.7
SBS	6.5	6.1	4.7

出处：舆论集中度调查委员会（2015），《舆论集中度调查结果》，文化体育观光部。

在舆论集中度调查委员会 2015 年的调查中，互联网门户网站 Naver 对舆论的影响力份额在韩国最高，为 18.1%。这高于 KBS（17%）、《朝鲜日报》（8.9%）、《东亚日报》（7.6%）、MBC（7.3%）和

[①] 赵恩英、刘世京（2014），综合编成频道的引入和新闻报道的多样性，《韩国新闻杂志》，第 58 卷第 3 期，433-461。

SBS（6.1%）等现有报纸和广播电视媒体。Naver并没有直接制作新闻文章，而是仅通过互联网中介就压倒了报纸、电视和广播等所有媒体。因此Naver被认为扮演了准媒体的角色。人们发现，互联网门户作为一种媒体发挥着巨大的社会功能。这意味着媒体治理的主题应该扩展到互联网等信息通信技术领域。

民间社会对竞争的分歧

政府提议修改《报纸法》和《广播法》，允许报纸和广播公司合营，大大放宽了大企业和外资对广播公司的所有权限制，社会各界对此争论不休。市民社会的立场并不相同。市民社会分为左翼和右翼立场。

2004年以来，倡导自由主义意识形态的右翼市民团体不断涌现。在此之前，市民社会主要由左翼市民团体主导。此外，随着1998年后左翼政府的出现，市民团体的独立性随着市民团体与政府的合作而退缩。其结果孕育了右翼民间团体，制造了反对左翼政权的局面。2005年，通过分享自由主义意识形态，右翼部门和地方组织联合成立了新光全国联合，出现了新光（New Light）思想网和自由主义教育运动联盟等右翼市民团体。他们反对领导市民社会的左翼市民团体，比如媒体工会和媒体改革市民联盟等，拥护自由政策。自由主义联盟寻求改革的重点是建设未来而不是清算过去，促进经济体系从国家主导向市场主导的转变，通过自由贸易协定促进贸易，并支持社会法治。[①]他们表示支持修订《传媒法》。

---

① 自由联盟（2004），自由联盟成立宣言，2004.11.23。

另一方面，媒体工会和媒体行业各种职业团体强烈反对修订《传媒法》。2008年12月，全韩新闻工作者工会表示："让朝鲜日报、中央日报和东亚日报等大公司和保守派报纸媒体掌握广播电视的播放权，从而营造有利于他们党的媒体环境，并巩固报纸媒体支持组织，以进一步巩固保守派报纸的媒体垄断。……（中略）广播电视、报纸和互联网不再反映人民生活及社会文化制度和现象等问题，而是将其交给财阀和外资，用来延长政府的政权和挽救疲软的经济，这是亵渎神明侮辱民众的卖国行为。"[①] 媒体工会认为政府修改《传媒法》是为了维护政权。他们也按照此逻辑反对报纸和广播的合营。

韩国记者协会、韩国PD协会和韩国广播技术人协会也表示出了与媒体工会相同的立场。这些团体通过联合发布对300名舆论专家学者的舆论民意调查结果来支持这一逻辑。专家民意调查结果显示，40.7%赞成和58%反对报纸开设综合编成频道，45%赞成和54%反对报纸进入新闻专业频道。在这些结果的背景下，《报纸法》和《广播电视法》强调，禁止报纸和广播并存并限制所有权的理由是通过防止媒体集中来防止媒体垄断。特别是，具备公共性质的广播电视不应受制于特定个人或资本的控制。[②]

然而，一些团体对此表示反对。2009年1月，韩国经纪人联合会、大韩商工会议所、韩国经营者总会、韩国贸易协会和韩国中小企业中央会等五个经济团体发布了"呼吁克服经济危机的对国会诏书"。该份公告原本是旨在解决当时国会悬而未决的重要政策问题，例如批准

---

① 全国媒体工会（2008），把新闻卖给财阀、主流报纸和外资，打算促进什么样的新闻自由？ 2008年12月3日。论评。
② 韩国记者协会（2009），《现役记者对传媒法的民意调查结果》，记者协会网站。

韩美自由贸易协定以创造就业机会，这里把修订《传媒法》也包括了进来。五个经济团体表示，"世界各国正在迅速推动广播电视与报纸、电信和互联网的媒体融合。"他们认为"如果取消媒体行业有关规定，新的投资就会活跃起来，创造新的就业机会。"[1]

这样民间社会的意见相互并行没有共识，这时候国会出面主导乱局。2009年3月，国会成立了"媒体发展国民委员会"，决定走征求意见的程序。与以往主要以政府为中心的各种解决立法冲突的各种制度相比，这是第一次在国会层面进行这种尝试。[2] 成立的社会讨论组织在解决《传媒法》修订上的严重分歧问题。媒体发展国民委员会由执政党和反对党推荐的成员组成，但主要由新闻学学者组成。然而，由于这个委员会也是由执政党和反对党各10名成员组成的，因此他们无法达成一致并争论各自的立场，最终以协商失败告终。执政党推荐的委员递交了一份允许报纸广播合营和大企业集团进入广播电视领域的报告书，但同时在野党的委员也递交了一份单独的报告，认为大企业和报纸媒体进入广播电视领域可能会造成舆论垄断，因此应被无限期推迟。这是很危险的尝试。最终，即使在国会层面展开了讨论，也没能解决这个矛盾。

而且，即便在综合编成频道开播之后，反对方也仍然不断地提出意见。2011年1月，媒体改革市民联盟要求韩国广播电视通信委员会披露有关综合编成频道项目相关的审查数据信息。2011年1月，包括参与连带在内的212个民间团体也敦促政府取消综合编成频道。随后，

---

[1] 经济第5组织（2009），呼吁国民议会克服经济危机。
[2] 金有焕（2010），"立法过程中的冲突解决：韩国的情况和问题"，《法律杂志》，209–227。

民主舆论市民联合、YMCA 全国联合会、为了民主社会律师会、全国民主平等社会教授和研究人员协会等民间社会组织成立了反对综合编成频道的连带机构。然而，随着时间的推移，这些冲突和对抗逐渐平息。综合编成频道开始克服最初的困难。而且它开始受到市民的好评。

表 10-4 广播电视媒体频道的信赖度（KI 指数）

信赖度排名	2013 年	2015 年	2017 年	2018 年
1	KBS1（3.64）	JTBC（3.60）	JTBC（3.88）	JTBC（3.73）
2	KBS2（3.48）	KBS1（3.56）	SBS（3.34）	KBS1（3.68）
3	SBS（3.45）	SBS（3.42）	KBS（3.33）	SBS（3.56）
4	Channel A（3.36）	KBS2（3.39）	KBS2（3.24）	KBS（3.48）
5	MBN（3.31）	Channel A（3.38）	MBN（3.22）	MBC（3.48）
6	MBC（3.29）	MBN（3.37）	Channel A（3.19）	MBN（3.39）
7	TV 朝鲜（3.23）	MBC（3.31）	TV 朝鲜（3.10）	Channel A（3.35）
8	JTBC（3.21）	TV 朝鲜（3.30）	MBC（3.0）	TV 朝鲜（3.33）

出处：信息通信政策研究院（2011—2015），《电视节目观众满意度评价指数（KI）调查》。

韩国广播电视通信委员会在 2016 年公布的 KI 指数中，对综合编成频道的评价甚至比现有报纸媒体和主流电视台的评价还要好。综合编成频道 JTBC 超越了 KBS1 和 SBS，成为最受信赖的频道。CHANNELA 和 MBN 的可靠性评级也高于 MBC。民间社会的关切得到了落实。

11 互联网治理

随着信息化和全球化的影响,媒体领域已经超越国界。媒体主要在国内市场发展壮大,但通过内容的国际化逐渐具有了全球性。与之对应的是一个全球性的媒体市场逐渐形成,相关的治理结构也得到了发展。随着全球媒体的发展,参与全球传播的人越来越多,讨论的焦点集中在他们之间的关系和互动上。这意味着现有的单向、单线的全球通信已经扩展到各个参与者之间的利益网络。扩大全球传播的核心因素是互联网。

互联网是继第一次工业革命和由电力、电子引起的第二次工业革命发展后引发第三次工业革命的原动力。互联网改变了人类的一切。互联网通过创建新行业或将其应用于现有行业来让他们发生改变。它创造了电子商务行业,为在线流通和连接全球商品和服务创造了新市场。社交媒体将世界各地的人们实时联系起来。所有信息都可以实时搜索和交流。交流方式也发生了变化。我们已经将通过短信进行交流的方式改变为通过图像、照片和视频进行交流的方式。在美国,谷歌、苹果、亚马逊、Facebook 等互联网公司引领行业,在中国出现了阿里巴巴、百度、腾讯。因此,互联网的管理问题已成为人们非常关注的问题。

自从互联网在美国以阿帕网(Arpanet)起家之后,互联网地址管理一直是在美国。1969年，美国国防部对互联网地址管理行使职权，但在1988年移交给美国私人非营利组织IANA（互联网号码分配机构）。从那时起一直到1998年通过美国商务部移交至ICANN（互联网名称与数字地址分配机构）为止的整个过程都是由美国主导的。互联网始于1960年代美国国防部的一个项目，之后它发展成为美国大学和研究机构的网络，并扩展到私营部门直至发展到今天。因此，美国是互联网的发源地，也是把它带入今天这个数字世界的国家。虽然互联网管理和地址体系是在美国建立发展起来的，但随着互联网在世界范围内的传播，它已经成为主导全人类生活的基础设施。于是，互联网治理问题也随之出现了。[1]

互联网治理管理主要有三大领域。首先，处理通信网络协议和数据格式的共识形成等技术标准化问题。它还控制着例如域名和互联网协议地址等互联网标识符号的使用和分配。进一步它还解决诸如垃圾邮件、网络犯罪、版权和知识产权纠纷以及消费者保护等问题。因此，狭义的互联网治理是指与互联网地址资源管理相关的技术和政策活动。

在韩国互联网治理主要被视为地址资源的管理，许多与互联网有关的公共政策问题被单独考虑。直到最近几年韩国才真正开始从更广泛的意义上审视互联网治理。媒体与互联网的融合成为催化剂。

互联网治理的特点在于应用了多方利益相关者模型。它正在形成一个政府、市场、市民社会和国家间组织共同参与的体系。因此，互联网治理是展示媒体治理变革和未来的试金石。

---

[1] Mueller, M. (2010),《网络和国家：互联网治理的全球政治》，麻省理工学院出版社。

世界互联网治理的发展

互联网治理代表了全球通信的变革。随着新闻、节目和电影的生产和消费跨越国界变得普遍，人们对沟通全球化的兴趣自然增加了。此外，互联网可以实时传播到世界各地，所以它在瞬间就改变了全球通信的规则。由于互联网的影响，全球时代的治理强化了跨国、非政府和私营部门的影响力。这些特征成为重新探索互联网治理的决定性契机。

互联网治理最初主要是一个技术问题。然而，随着互联网的领域扩展到政治、经济、社会和文化，它也超越了地址资源的分配，扩展到了信息保护、隐私、网络中立和普遍访问等人权问题。因此，人们对互联网治理提出了新的定义。互联网治理开始被广义地定义为"基于互联网技术的政治、经济、社会、文化等社会结构的总体管理体系或治理结构"。

2003年和2005年召开的信息社会世界峰会论坛（WSIS）认真讨论了互联网治理问题。该会议是在联合国的主持下举行的。在全球数字革命中，随着信息的发展，国家间出现了信息鸿沟。WSIS 在全球层面讨论它并旨在找到一种解决信息鸿沟的解决方案。WSIS 反映了以信息和通信为主导的形势，在联合国的领导下，它由负责信息通信的国际电联组织（ITU）主办。不仅是各国政府，还有国际组织和民间社会团体应邀一道来绘制主要议程，目标是为此制订一个行动计划。[①]

[①] WSIS (2005),《信息社会突尼斯议程》。检索自 http://www.itu.int/wsis/docs2/tunis/off/6rev1.pdf

联合国认为，信息通信技术（ICT）正在带来一场数字革命，全方位地改变现代社会，新的机遇和风险也在不断涌现，有必要利用信息通信技术解决各种问题。联合国特别指出必须解决因国内外获取ICT能力差异而导致的歧视进而产生的数字鸿沟问题。[1]

这里值得注意的是联合国听取了多方利益相关者的意见，除了政府之外，还涉及包括民间社会和私营部门在内的各种利益相关者。特别是，《突尼斯议程》于2005年在突尼斯WSIS上被发表，并提出了互联网的全球治理计划。

WSIS的另一项重要成就是创建了"互联网治理论坛"，这是一个关于互联网治理的多方利益相关者论坛。互联网作为一个全球公共论坛，应该为任何人不受歧视地开放和访问。因此，互联网上的国际磋商应该是透明和民主的。各国政府、企业、民间社会和国际组织都参与的治理方式已应用于互联网。

但是，有人指出这种方法实际上是保持美国公司领导地位的一种方式。虽然政府、企业和民间社会表面上似乎是平等参与，但它试图通过降低政府地位和提高私营部门地位来加强美国公司的主导权。因此，俄罗斯等其他国家提议互联网管理应该由国际社会来处理，而不是由美国来处理。这是对现有制度体系的重要改变。方法也可以多种多样。欧洲也提出了自己的互联网系统。中国不以英语为主要语言，而是提出以中国互联网为默认设置，甚至在中国境内创建了一个称为Great Firewall的防火墙。此外，随着互联网成为政治、经济、社会、文化等各个方面的重要基础设施，国际黑客事件频发。因此，世界各

---

[1] ITU (2003),《为什么是信息社会峰会》。检索自 http://www.itu.int/wsis/basic/why.html

国政府开始将互联网视为一种安全措施。这场激烈的互联网国际竞争被称为新冷战。而且，在爱德华·斯诺登2013年爆料美国国家安全局（NSA）正在监视世界之后，国际社会对美国互联网主导地位的批评愈演愈烈。最终，2014年3月，美国正式宣布将互联网管理权移交给一个由全球利益相关者共同创建的组织。互联网的管理最初集中在地址管理的技术问题上，但后来远远超出了技术领域，扩展到整个互联网相关的各个领域。

政府角色的争议

韩国政府对互联网治理并不重视。这是因为全球层面的互联网治理仅限于与互联网地址资源相关的领域。广义的互联网公共政策问题都由政府处理。

另一方面，在全球层面，政府在互联网治理中的作用一直存在争议。互联网自由倡导者反对政府的介入。因此，排除政府在互联网治理中的作用的立场和要求政府参与的立场是平行的。

同时，政府通过国际电信联盟（ITU）对信息和通信进行国际管理。国际电联作为各国政府都有代表的国际组织，一直在管理包括频谱管理在内的ICT政策。因此，由政府来负责信息和通信政策是很自然的事。

互联网从一开始主要由技术开发专家和私营部门开发，没有政府角色，因此政府是后来才参与其中的。当提出消费者保护和公平竞争等问题时，政府会介入。即使美国政府将互联网地址管理权交给了ICANN（互联网名称与数字地址分配机构），政府也只被允许给咨询机构提供意见。作为回应，欧洲抱怨政府的作用微不足道。他们认为，私人倡议最终是为了保持美国企业和市场的领导地位。因此，印度和巴西强烈建议将互联网治理移交给国际电联等政府间组织。这些国家正在形成共识，主张加强政府的作用。2003年在日内瓦举行的第一届信息社会世界峰会论坛将这一问题作为主要议程项目加以讨论。[1]

但是，将互联网地址管理交由其他国家管理是美国反对的。因为这样的话，现有互联网地址管理系统会发生彻底地改变，并随之而来伴随许多问题，这些在现实中是很难解决的。因此，各国政府和政府间组织纷纷参与到ICANN的决策流程中，并做了一些适应性的变化。但基本上，政府也具有多方利益相关者的地位。

此后，政府的作用得到了更多的承认，需强化政府作用的主张也层出不穷。互联网的发展不仅由私营部门主导。政府在许多方面为互联网的发展也做出了贡献。政府在升级互联网网络基础设施方面发挥着重要的作用。

韩国政府就是一个典型的例子。政府鼓励发展IPv6，率先建设互联网高速网络。过去20年间，政府一直在发挥着主导作用，通过信息化实现了世界上最好的ICT基础设施、互联网经济的扩张、世界排名第一的电子政务等成就。因此，政府在应对互联网发展中的作用非常显著。

韩国政府也在为互联网服务的普遍推广中做出了贡献。它补偿了市场失灵的缺陷。在改善残疾人和老年人的网站信息获取，支持信息边缘化阶层的信息使用环境，扩大ICT应用和创业教育，为农民和渔

---

[1] Kummer, M. (2007), "互联网治理辩论：从日内瓦到突尼斯及其他地区"，《信息政策》, Vol. 12, 5–13.

民提供专业信息服务,创造非歧视的信息获取环境等问题上发挥了很大的作用。此外,随着互联网的发展,消费者保护和信息保护正成为重要的议程。[1]

当然,也有人说,如果把使互联网成功的特征都改变了,而目的就是为了确保安全的话,那么这种想法是十分危险的。2014年,"互联网治理未来世界多方利益攸关方会议(全球互联网治理大会NETMundial)"议定书中强调,应保护在线和离线的人权,同时兼顾互联网发展的特点。[2]

政府在发展互联网技术和产业的过程中发挥了主导作用。所有的互联网公共政策都是由政府负责制定的。2003年,韩国政府制定了《互联网地址资源法》,并建立了政府层面的管理制度。民间社会有反对的声音,但没有得到反映。政府一直在推动信息化产业政策,将互联网视为信息化产业的一个组成部分,并继续发挥主导作用。

互联网媒体运营商

以互联网运营商为首的私营部门正在创建自治的互联网治理。这是因为互联网治理是基于多利益相关方模式的。正式承认多利益相关方模式的《突尼斯议程》规定了每个利益相关方的角色和责任。第一,明确了政府对互联网相关公共政策问题的政策制定权。各国还负责处理与互联网相关的国际公共政策问题。第二,私营部门在技术和经济

---

[1] 未来创造科学部(2013),《第五次国家信息化基本规划》。
[2] NETmundial(2014),《NETmundial 多利益相关方声明》。检索自 http://netmundial.br/wp-content/uploads/2014/04/NETmundial-Multistakeholder-Document.pdf

领域的互联网发展中发挥着重要作用。第三，民间社会应发挥重要作用，尤其是在互联网社区层面的问题上。第四，政府间组织负责协调互联网相关公共政策。第五，国际组织在互联网相关技术标准和相关政策中发挥重要作用。[①] 在突尼斯会议上，政府、私营部门、民间社会、政府间组织和国际组织等利益相关者在五个领域参与了互联网的治理。

私营公司在 ICT 和互联网中的作用是决定性的。国际电联从根本上强调了私营部门的作用。国际电联在联合国系统中是独一无二的，因为它的结构允许私营公司成为国际电联的"成员"。私营公司没有投票权，但可以参与讨论。此外，人们坚信，引领信息传播和信息社会发展的是私营部门，特别是企业。因此，以企业为中心的私营部门在互联网领域扮演重要角色是理所当然的。

随着高速互联网成为基础设施，企业开始对媒体产生非常重要的影响。当互联网门户网站在 1998 年开始提供新闻时，从未想过它会对媒体产生影响。媒体公司向门户网站出售新闻以增加收入，而门户网站只购买和提供新闻。然而，随着通过互联网门户使用新闻的用户比例增加，它已经发展到主导媒体的地步。

Naver 在门户网站成为主要新闻窗口方面发挥了重要作用。Naver 在 2002 年通过名为"Knowledge iN（知识人）"的知识搜索服务来吸引和获得用户。此外，随着互联网商城和游戏等娱乐服务的扩展，新闻成为最为关键的内容，门户网站也成为一个囊括所有新闻信息的"黑洞"。因此，新闻的使用自然而然地转移到了门户网站。当然，

---

① WSIS (2005)，第 35 卷。

报纸和广播电视公司也都建立了自己的网站来提供新闻。然而，老牌媒体公司只将互联网上的新闻发布视为附带服务，并没有意识到数字化的真正含义。因此，数字内容和数字新闻开始围绕门户网站进行重组，并以门户网站为主导发展。

由于互联网门户网站通过传播新闻内容产生了社会影响，因此门户网站是否具有媒体责任一直存在争议。最终在2009年的《新闻仲裁法》中将门户网站定义为"互联网新闻服务提供商"，并成为也可以要求更正报道和反驳报道的媒体。尽管如此，关于门户网站新闻政治中立性的争论仍在继续。外界继续怀疑该门户的新闻编排方式偏向于某些政治势力，或者无法保障没有受到任何外部压力的公正编辑。[1]

因此，对互联网门户网站的监管要求有所增加。许多门户网站均采取措施来提高新闻编辑的问责制和透明度。2005年，Nate的"媒体责任委员会"、Daum的"开放用户委员会"和Naver的"服务咨询委员会"等自律组织相继成立。2014年Naver成立了"新闻编辑咨询委员会",2015年Naver与Kakao共同成立了"新闻合作评估委员会"。2018年成立了"新闻算法审查委员会"，这些都是私营部门建立自我监管的过程。互联网门户运营商正在改进其作为互联网治理轴心的问责制。

相较于媒体公司一直是扮演媒体治理的重要参与者，互联网公司的角色是比较小的。大多数互联网公司都是从风险投资开始的。因此初期都规模很小，在行业中没有占据重要地位。直到最近，一些互联

---

[1] 朴永兴（2018），互联网门户，韩国舆论信息学会编译，《1987年民主化30年后，韩国媒体和媒体运动的反思》。Culture look。

网公司才开始成长,并以互联网门户和社交媒体公司为中心。它们对互联网公共政策的参与正在扩大。管理和使用互联网的责任也在增加。因此,互联网公司作为治理的一个组成,也应占据更加重要的位置。

民间社会的参与

互联网治理有助于扩大参与的多样性。民间社会和国际组织以及全球化的公司作为多方利益相关者参与到全球治理中来。与1970年代开始主要由政府领导的麦克布赖德委员会等全球层面的讨论基本是由各国政府主导的情况不同,市民社会能够参与则是一个巨大的变化。

在这样的背景下,自1990年代以来,以联合国为中心的民间社会参与逐步扩大。联合国邀请民间社会参加论坛讨论全球问题,让他们发表意见。1998年,联合国秘书长科菲·安南在联合国大会上说,民间社会的参与现在已经成为衡量会议成功举办与否的重要标准。[①]特别是,WSIS(信息社会世界峰会)是第一个邀请民间社会团体参加联合国峰会的组织。因此,可以毫不夸张地说,自WSIS开始,全球沟通治理的框架就发生了彻底的变化。当然,正式的决定还是在政府间做出的,但民间社会的贡献也不小。特别是在人权、性别平等、自由、开源软件、版权等问题上发挥了重要作用。市民社会的作用体现在政府和公司无法处理的领域。

当然,民间社会的参与也带来了问题。首先,出现了如何定义市民社会的问题。市民社会的范围很广。甚至在WSIS中也包含了很

---

① 联合国(1998),《关于非政府组织参与联合国的系统》,报告A-53/170。

多诸如"媒体集团（The Media）"、"文化的创造者和积极推动者（Creators and Active Promoters of Culture）"、"网络和运动（Networks and Campaign）"、"城市和地方（Cities and Local Authorities）"等组织。[①] 此外，行业协会、代表私营企业的组织，也包括在一些民间社会中。正因为如此，其身份的模糊性也成为一个问题。此外，市民社会在信息和政策能力方面落后于政府和私营企业，所以在政策制定和执行上不可避免地存在差异。民间社会在如何发挥实际作用上，而不只是说一句话表达立场方面还是有它的局限性的。

尽管存在这些局限性，民间社会仍被看成是一个重要领域。在全球传播治理中出现并发挥重要作用，这是一个很大的变化。特别是实施多方利益相关者模式的"互联网治理论坛（IGF）"，与现有的政府层面的国际组织会议不同，它具有多方利益相关者参与的特点。政府、民间团体、技术专家、学术界和政府也以同等的资格参加，每年参与者约有1500—2500人。

互联网治理论坛（IGF）的主要职责有：①讨论互联网治理核心问题相关公共政策，促进互联网可持续安全发展；②协调互联网上的国际公共政策；③协调其他任何机构都解决不了的问题；④提出发展中国家互联网发展和普及的措施；⑤促进利益相关者参与现有的互联网治理机制；⑥促进 WSIS 原则在互联网治理过程中的实施；⑦对互联网日常用户关注的因误用和滥用互联网等问题提供解决方案。[②] 虽然 IGF 无权做出正式决定，有人批评说，它只是一个研讨会分享意见

[①] O'siochru, S. (2004). "民间社会参与 WSIS 进程：承诺与现实"，《连续体：媒体与文化研究杂志》, 18(3), 330-344.
[②] WSIS（2005），第 72 段。

的地方，但它在所有人都无法拥有正式决策权的系统中，通过交换各方对公共政策问题的意见，对公共领域治理方面也很有意义。

因此，全球互联网治理大会（NETMundial）并没有改变现有的互联网治理。一项决定建议通过将 IGF 延长五年并为其提供稳定的财政资源来加强该论坛。如果在保持 IGF 的开放性和多方利益相关者精神的同时，逐步完善和增强其执行力，IGF 可以在互联网全球治理体系中发挥更重要的作用。

在韩国，民间社会也参与了互联网治理的讨论。民间社会已经形成了进步网络（Progress Network）、开放网络（OpenNet）、Cybercommons 和网络中立性用户论坛。成立于 1998 年的进步网络和成立于 2013 年的开放网络一直在为社会运动和保护信息和人权等贡献力量。围绕信息权，他们提出了互联网言论自由、隐私保护、网络中立、获取知识和文化的权利等问题。2014 年，全球互联网治理大会（Netmundial）还开展了诸如这些民间团体联合提交意见的全球活动。[1]

互联网治理的影响

互联网治理在信息社会治理方面呈现出与以往不同的变化。信息通信技术的发展一直是催化剂。随着信息通信技术的发展，互联网等新型信息服务向世界传递的速度迅速提高，参与的人越来越多。尤其是互联网的发展，创造了开放的信息环境。任何人都可以成为信息的主体。参与的广度也显著增加。推动了一系列利用信息通信技术发展、

---

[1] 市民经济正义联盟等（2014），向"关于互联网治理未来的世界多方利益相关者会议"提交的韩国市民社会意见，2014.3.12。

促进社会发展的政策实施。

此外，全球信息社会治理的参与者数量显著增加。从少数国家参与扩大到全球层面。特别是由于互联网对经济的影响越来越大，互联网公司的全球化也有助于加强这些公司的影响力。与此同时，市民社会和社会运动也扩大到了全球层面。因此，不仅是政府，还包括私营公司、全球市民社会、国际组织等各种行为主体，它们共同构成了互联网治理主体。

多利益相关方模式是互联网治理的核心原则。在过去，有关全球信息社会的讨论一直由政府主导。然而，互联网的发展创造了一种新的结构，政府、企业和市民社会等各种行为者都可以参与其中。多方利益相关者模式已成为理解信息社会的重要框架。

其结果是，民间社会成为正式成员参与了政策的讨论，并建立了一个影响决策的机制。尽管市民社会的影响力不足，但市民社会与政府和市场一道，成为确立互联网治理的三方结构的轴心。

此外，国际组织的主体也发生了变化。此前，引领国际社会讨论信息秩序的组织是联合国教科文组织。然而，随着美国和英国在1980年代中期国际信息新秩序运动的余波中退出，联合国教科文组织的作用被削弱。与此同时，随着信息通信技术的发展，负责国际电信领域的国际电信联盟（ITU）的作用显著提升。因此，国际电联自然而然地取代了教科文组织，同时将其活动范围扩大到ICT领域，超出了处理传统通信技术领域的范围。此外，从联合国教科文组织到国际电联，互联网现在已经开始寻求建立另一个新的私营组织。这符合数字和信息社会日益增长的观点。互联网正处于鼎盛时期。迄今为止，互联网比任何其他信息方式都更加开放和吸引人。此外，互联网的发展是由分散的和多样化的私有网络组合而成的。人工智能和区块链的进步也在这种背景下发生。因此，顺应这些新特点，互联网治理也带动了媒体治理的新变革。而且，现在有必要进一步超越媒体治理，将其扩大到 ICT 治理。

12　从传媒到ICT

ICT发展对媒体融合产生了巨大影响，媒体领域不断扩大，面向未来的整合和包容的治理体系已成为重要问题。特别是随着新通信技术的发展，人们认为现有的传统报纸、广播和电信监管体系已经过时。现在有必要将媒体不仅视为媒体自身，而且将其视为更广泛的ICT框架。有人认为，媒体治理应扩大到ICT治理。这标志着媒体领域发生了重大变化。长期以来，媒体被视为与ICT不同的领域。尤其是在韩国，人们强烈倾向于将媒体视为一个独立的领域。在早期，国家将媒体视为一种宣传手段，但随着媒体从国家管控中独立出来，独立和公共性的价值观开始占据主导地位。此外，将媒体视为产业也带来了一波新的变化。

然而，随着信息通信技术的发展，媒体领域不断扩大，媒体的范围和身份再次发生了变化。在ICT框架中查看媒体时，关键在于它在ICT结构中的位置。作为方案之一，有观点认为ICT是一个C（内容Contents）—P（平台Platform）—N（网络Network）—D（设备Device）系统。将现有ICT环境视为服务、软件和设备等独立领域的观点占主导地位。通过电视节目连接的电视、通过无线网络相连的手机和通过有线网络连接的PC等都是独立运行的体系。然而，新的ICT环境发生了变化，C—P—N—D没有分离，而是产生和提供一个集成的生态系统。因此，ICT 生态系统视角被认为适合媒体融合。这反映了 ICT 生态系统正在从传统的封闭、垂直分离的方式向开放的、横向整合的方式的转变。

横向治理系统被作为 ICT 治理系统的替代方案提了出来。现有的媒体治理体系早已形成以报业、广电、电信等行业分类为基础的垂直体系。然而，现有的垂直系统在媒体融合中的应用已经过时了。[①] 当现有垂直系统在媒体融合中的应用变得过时，横向治理系统便成为替代包含所有媒体的系统。横向治理体系作为 ICT 生态系统数字化和治理之后的媒体融合引发了人们的关注。这种方法将数字媒体视为 ICT 生态系统的一个领域，整合所有数字媒体领域，并简单地将它们横向划分为"传输"和"内容"层。[②] 每个传输层和内容层处理的都不同，这是它的关键所在。

世界各国横向监管体系

横向治理模式最早出现于美国的分层模式。分层模型（layer model）是从信息和通信系统分析中衍生出来的一个技术概念，它被扩展到监管系统。在分层模型中，信息通信网络各层的功能各不相同，认为监管的出发点来自这一层。

分层模型以多种方式呈现，而不仅仅是一种。例如从下往上由物

[①] 横向和纵向治理体系的基础取决于如何看待一个行业的价值链。在过去，企业一直在垂直连接一个行业价值链的要素，并相应地应用法规，因此被称为垂直体系。
[②] 有时候是网络和内容得分开说。但是一般来讲，国外主要使用 carriage,contents。因此，在这里也将其用作传输和内容的概念。

理层、逻辑层、应用层、内容层组成的四层模型。这里，物理层是指包括用于发送和接收信号的发送器和接收器以及交换机的有线网络。逻辑层是指配置和管理网络路由功能的 TCP/IP、协议和系统。应用层包含最终用户使用的特定程序或功能。内容层是指网页、文本、视频等，是运行在网络上的应用程序的输入和输出。[1]

图 12-1 分层模型

内容层
应用层
逻辑层
物理层

因此，在将分层模型应用于监管系统时，首先要找到与网络的每个层次结构功能和特征相匹配的监管要求。即从作为网络下层的物理网络，通过传输层和应用层，到顶端的内容层，需要自下而上的各级监管，换句话说，就是首先要确定是否需要在竞争或社会方面进行监管。这需要规定每层在网络上执行相同的功能，并适用于相同的监管原则。换言之，按物理网络、应用程序、服务和内容每一层规定监管的内容，应用监管措施，使监管最小化，做到公平一致的监管。[2]

Whitt 也提出过一个四层模型，特别是对于应用程序层和服务层，进行了关于放松管制的讨论。这是因为这两层适用于引发数字平台法

---

[1] Randolf, et al, (2005),《数字时代通信法案（DACA） - 监管框架工作组》, 进步与自由基金会。
[2] 黄俊锡·宋正洙（2004）, "信息和通信政策的未来：分层模型通信融合政策方法"，《通信市场》，第 56 号。KT 经营研究所。

规和 VoIP 法规的变化。①

横向监管治理是将分层模型整合成为监管体系。在现有的垂直监管体系下，即使提供类似的服务，也会因使用的网络而结果各异。这让某些技术或服务的政策留下了寻租空间，并在这里留下了不公平监管的余地。此外，在不知道哪种技术或服务会占上风的情况下，现有的监管方法极有可能扭曲市场的潜力。

但是，在横向监管体系中，不会对某些特定技术或服务产生偏好，因此可以降低市场扭曲或政策决策偏颇的风险。横向监管体系的优势在于允许对服务进行一致的监管。在引入横向监管体系的欧盟，可以实现统一监管，而且还具有放宽准入限制的效果。电子通信网络和电子通信服务准入规定中取消许可制度，改为申报制度。通知时所需的文件也仅限于编制经营者名单等所需的最低水平。此外，在申报时，禁止监管机构做出明确的决定和行政行为，允许在申报以后立即开展业务。②

因此，横向监管体系可以直接将监管应用于新的媒体融合服务。在应用现有的垂直监管体系时，很难知道如何监管新的媒体融合服务，或者很容易出现监管重叠的问题。然而，在横向监管体系中，网络监管适用于网络，内容监管适用于内容。这使得引入新服务变得非常容易。

因此，横向监管体系增加了监管的可预见性。在数字媒体环境中，相似的内容可以通过不同的传输方式进行传输。因此，为了自由流通

---

① Whitt, R. (2003), "横向飞跃：基于网络分层模型制定新的公共政策框架"，《联邦通信法杂志》，第 56 期。
② 郑相荣（2004），"欧洲横向监管框架"，《通信市场》第 56 卷。KT 经营研究所。

和传播这些服务和技术，必须能够提前预测法规。但由于横向监管体系清晰呈现监管框架，汇聚运营商对监管内容的可预见性较高，因此，可以稳定推进业务。监管原则上转化为后监管，前监管只能施加于非竞争性行业。换言之，为了利用市场原则，前规制可以只对有经营者的部门和没有有效竞争的部门（SMP）适用技术中立的监管。

横向监管体系也有利于建立公平竞争。横向监管体系是面向未来的媒体治理，为政府提供合理的监管体系，增加经营者监管的可预见性，为市场提供公平竞争的环境。

在欧洲，根据分层模型的横向监管体系已经制度化。2002年，欧盟对广播和电信监管框架的重组导致了变化。欧盟在设计新的监管体系的同时，对分层模式进行了改造，创造并制度化了以横向分离传输和内容为核心的模式。2002年，欧盟通过六项指令改革了其监管框架。它包括框架指令（Framework Directive）、竞争指令（Competition Directive）、授权指令（Authorisation Directive）、访问和互连指令（Access and Interconnection Directive）、通用服务指令（Universal service Directive）和数据保护指令（Data Protection Directive）。所有这些都是基于监管框架，其余五项指令则补充及构成了对传输部门的监管框架。[1]

这里没有包括内容监管，但内容监管在三年后的2005年通过"视听媒体服务指令（Audiovisual Media Services Directive）"实施。该指令通过更详细的监管系统修订了现有的"电视无国界指令（Television Without Frontiers Directive）"。

---

[1] 欧洲共同体委员会（2006），《电子通信基础设施和相关服务的新监管框架》。

根据欧盟的监管框架，传输层分为电子通信网络（electronic communications network）和电子通信服务（electronic communications service）。电子通信网络是指以电子的方式传输电子信号的系统及附属设备，泛指有线、无线、电缆、卫星、互联网等一切网络。另一方面，电子通信服务是指用于在诸如通信电缆、卫星或地上波的电子通信网络上传输电子信号的服务。

同时，内容层由此类电子通信服务提供，特别是将监管框架的范围缩小到视听媒体服务。提供视听媒体服务的人在此定义为负责编辑和决定此类编辑构成的管理者。这将媒体服务的监管对象限制在涉及编辑的内容上，并明确了监管对象。欧盟监管体系的优势在于消除了每当引入新的传输技术以提供新的服务时必须更改法规的问题，并且可以促进技术和市场的发展。[1]

当然，对横向监管体系的解释可能因国家而异。欧盟成员国可以采用不同的方式引入欧盟的横向监管体系。这也是根据国家的文化、行政和社会特点而接受的。此外，随着产业结构从垂直分离（序列式）向水平整合转变，传统垂直分割的企业没有必要分层。应对横向治理体系的方法可能因公司的经营战略而异。

韩国对横向监管体系的探索

这种横向监管体系的讨论和引入对韩国产生了影响。在2004年横向监管的需求就被提出来了。为了克服纵向监管体系的问题，引入

---

[1] Mindel, J. & Sicker, D. (2006), "利用欧盟监管框架改进美国电信市场的分层政策模型"，《电信政策》。

灵活的融合型服务,需要引入传输和内容分离的横向监管方式,这在包括欧盟在内的多个国家已经开始实施。[1]在这样的背景下,人们认识到横向监管体系具有模块化媒体融合法律体系的优势,而不是只偏爱某些特定技术,并确保对任何特定服务提供商的中立性。

政府也承认传统监管体系与特定的网络、终端和业务相匹配,对每项业务采用独立的监管方式。政府承认传统的监管框架在融合环境下出现了问题,并表示横向监管系统可能是一个替代方案。不过,虽然政府当时对横向监管制度的原则产生了兴趣,但对于具体适用方面却存在着意见分歧。其中一个问题就是如何看待传输层和内容层的范围。也就是说,平台层是包含在传输层中还是需要独立出来,以及如何区分不是单一内容的单向内容和混在一起的双向内容等问题。这里的关键是内容。由于媒体的大多数社会文化法规是由内容的特性决定的,因此根据对内容的责任和法规,谁与内容更密切相关,根据运营商的不同,解释也有所不同。因此,问题是如何查看内容层次结构单元以及如何为其分配责任。

在这个问题上,欧盟已经将内容层问题与传输层的监管框架分开处理。视听媒体服务提供的内容不仅包括编排好的(scheduled)内容,还包括点播(ondemand)内容。换言之,媒体技术的发展,会同时考虑编排好的内容和点播内容。[2]

然而,韩国广播电视通信委员会在解决这个问题时却遇到了困难,

---

[1] 金大浩(2007),"作为广播电视和通信融合监管系统的横向监管系统的问题",《信息通信政策研究》,第14卷第1期,19-43。
[2] 欧洲共同体委员会(2005),《欧洲议会和理事会指令之修订理事会指令89/552/EEC关于协调成员国法律、法规或行政行动中有关开展电视广播活动的某些规定》。

并导致最终无法推行。特别是，韩国广播电视通信委员会由执政党和在野党推荐的成员组成，因此它一直是政治争论的对象。由于"KCC等于监管机构"的形象是固定的，并且主要在政治问题上运作，因此它被批评削弱了可以领导ICT生态系统推广的组织领导力。此外，由于ICT环境瞬息万变，韩国广播电视通信委员也会因跟不上变化而受到批评。

因此，对ICT治理讨论开始了重新展开。其关键是要了解ICT生态系统如何变化，并建立适合它的治理体系。[①]制定通过ICT融合向新的知识创造型社会转变的时代要求的计划。有必要切换到具有新ICT价值的知识创造回路，可以将范式从现有的信息化转变为全球智能社会。

为此，有必要抓住ICT生态系统正在扩大这个事实。需要体现智能ICT生态系统正在形成的情况，该生态系统使用智能媒体、应用程序和云计算，可以随时随地方便地使用服务。在ICT生态系统中，C—P—N—T等行业之间的隔阂被拆除并扩展为一个包含它们的复杂系统。

此外，ICT生态系统与制造业和新兴产业有着密切的联系。通过与教育、医疗、汽车、造船等传统产业的融合，ICT正朝着这些产业更上一层楼的方向发展。此外，ICT是创造生物、纳米等新产业的重要基础。换言之，ICT生态系统构成了一个更广泛的系统，如图12-2所示。

---

① 金大浩（2012），"ICT治理体系的变化和展望"，韩国广播电视协会主办的"广播电视IT治理的评估和改进方向"研讨会。

12 从传媒到ICT

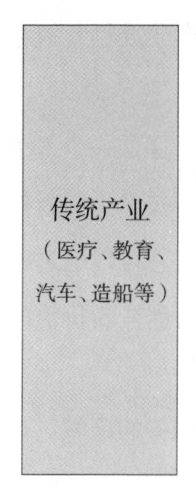

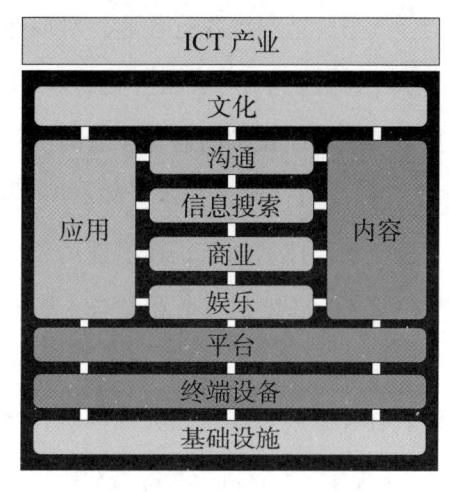

图 12-2　ICT 生态圈

在这里，第一个组成部分是指包括媒体和内容在内的 ICT 行业本身。这是一个由广播、通信、信息和内容的融合组成的领域。ICT 作为技术推动，使媒体融合得以实现。媒体融合通过终端智能化、移动服务的激活、社交媒体的普及等得到了进一步地扩大。

特别是，信息通信技术对于超越工业层面的社会融合和文化形成具有决定性意义。ICT 扩大了在线空间的参与和交流机会，帮助个人参与政治、促进言论自由和创造价值。然而，网络匿名性和多样性，冲突因素的多样化和多变化，也增加了对立的可能性。[①] 从信息通信技术促进交流并在创造机会方面发挥决定性的作用可以看出，信息通信技术与文化方法直接相关。现在，随着 ICT 文化成为主流，ICT 生态系统从基础设施扩展到了文化领域。

第二个组成部分是 ICT 与传统产业融合的领域。ICT 应用于教育、

---

① 金贤坤等（2009），《21 世纪社会融合新范式与基于 ICT 的社会融合策略研究》，韩国信息社会振兴院。

医疗、国防、安全、汽车、造船等各行各业，对现有产业进行升级和精简。在德国，这体现为工业 4.0。从而引发了第四次工业革命。

第三部门是基于信息通信技术创造新产业的部门。这是一个基于 ICT 与 BT（生物技术）、NT（纳米技术）和 CT（内容技术）等新技术相互作用的技术融合和新技术创新正在出现的领域。它可以通过将 ICT 与知识、生物和纳米等新增长行业相结合，转变为创造新价值的可持续经济。

在这个框架之上有一个内容层，即处理视听媒体服务的区域。与该领域相关的问题包括媒体运营商的许可、公共广播公司董事的任命、许可费等财政资源、媒体结构的监管以及确保公众舆论的多样性。这是一个保证政治中立和独立性的领域。因此，监管委员会负责这一领域是合乎逻辑的。

因此，ICT 治理是一个涵盖整个 ICT 生态系统的系统。基于这一认识，我们尝试建立新的 ICT 治理体系。特别是可以在平台政府中建立 ICT 治理。现在，政府不像工业化时代那样直接进入市场，而是需要一个创造环境（基础设施、政策）的政府，让人们/企业可以自己竞争。政府应演变为"平台政府"[①]，通过平台化发展和促进私人参与和创新，打造智能合作生态系统。平台政府应通过 ICT 平台创建平台生态系统的基础，该平台生态系统促进开放式创新和合作创造等，从而构成了 ICT 生态系统的基本要素。

韩国的国家竞争力就在于 ICT。资源匮乏、高度依赖出口、人力资源优秀的韩国未来增长引擎，只能从 ICT 生态系统的成长和基于

[①] 政府通过提供平台和利用平台来创建新的生态系统，让私营部门参与创造价值和创新，韩国信息中心，2012 年。

ICT 的新增长中找到。媒体治理的讨论应扩大到创建面向未来的治理，从而引导 ICT 生态系统的扩展超越媒体融合。

2013 年，右翼政府在此背景下设计了 ICT 治理。它将超越媒体治理扩展到 ICT 治理。此外，它旨在建立一个以 ICT 和科学技术为增长基础，将 ICT 与科学技术相结合的治理体系。因此，ICT 治理体系被认为是通过建立 ICT 平台部门来形成的。从横向监管框架的角度来看，ICT 平台部门承担着负责传输相关生态系统的职责。因此，韩国成立了主管科学、信息通信技术的未来创造科学部，作为处理电子通信网络和服务的部门。韩国广播电视通信委员会只监管内容层的事务。在这种背景下，韩国广播电视通信委员会的性质与 2008 年成立时的韩国广播电视通信委员会性质有很大的不同。随着电子通信网络和电子通信服务的职责移交给未来创造科学部，韩国广播电视通信委员会负责地面广播、内容和用户保护等社会和文化法规。

政府试图通过重组行政部门来推动信息通信技术治理体系的变革，但是却不可能为 ICT 生态系统创建一个单一的横向监管系统。不建立横向监管体系，只改变行政部门，突显了无法保持一贯性的局限性。当然，将媒体治理扩大到 ICT 治理的决定是向前迈进了一步，但实施体系不一致，也暴露出了不和谐音。

市场与市民社会的混乱

媒体运营商十分关注将媒体纳入 ICT 治理体系之后会发生的变化。从好的方面讲，媒体被纳入 ICT 行业以后，发展空间得到扩展，产业发展可以加强。因此，媒体市场可以要求放松管制。政府改组初期让未来创造科学部负责制定媒体行业的振兴政策，增强媒体的全球竞争力和引领 ICT 行业发展。但问题来了，媒体行业的振兴是由未来创造科学部负责，而内容监管则是由韩国广播电视通信委员会负责，但从传媒产业的特点来讲，很难将振兴和监管严格分开来看。所以有人提出反对意见，认为不应该仅从工业的角度去看待媒体行业。尽管政府负责部门分为传输层和内容层，揭示了监管体系不能完全构成横向监管体系。其结果就是，媒体运营商面临不得不与未来创造科学部以及韩国广播电视通信委员会都要打交道的尴尬局面。

因此，媒体运营商对这些 ICT 治理的变化表现出了不同的立场。某家媒体公司就批评说这样做忽视了广播的公共性，尽管 ICT 治理被寄望于让韩国成为一个技术驱动创新的社会。但广播电视应该由基于各利益相关者共识体的韩国广播电视通信委员会管理，因为广播电视是一种公共产品，对公众舆论的形成有很大影响。[1] 媒体纳入 ICT 生态系统的动作看起来为时过早。甚至有人声称 ICT 会控制广播电视。[2]

KBS 进一步强调了官营电视台在 ICT 治理改革中的公共责任。不过，随着韩流在全球传播，内容性的海外扩张应得到重视。为此，KBS 首次成立了负责内容策划开发的内容开发室。[3] 在保持官营电视台身份的同时，他们对 ICT 生态系统中内容的商业使用方面表现出兴趣。

另一方面，电信和互联网运营商对 ICT 治理表示欢迎。全球各大互联网公司已经开始向媒体、商业、金融、移动等多个领域扩张最终

---

[1] 中央日报，2013。
[2] 韩民族，2013.2.6。
[3] KBS, 2013.4.18.

成为平台企业。苹果、亚马逊、Facebook、谷歌、阿里巴巴、腾讯、百度等均不局限于一个领域，而是在向各个领域推进。这是平台公司的特点。韩国电信和互联网服务提供商也不可避免地朝这个方向扩展。继社交媒体之后，Kakao 的目标是成为一家平台公司，用 Kakao Bank 进军金融，用 Kakao Mobility 提供综合交通服务。因此，它很自然地适应了 ICT 治理。

同时，民间社会在 ICT 领域也发挥了作用。市民社会一直在努力保障市民在信息社会中的权利，包括言论自由、隐私权以及获取信息和获取媒体的自由。特别是，他们一直积极促进互联网言论自由等民主权利。因此，民间社会对 ICT 治理改革非常感兴趣。然而，他们反对将其重组。"网络中立性用户论坛"表示，不应通过组织重组来解决 ICT 治理问题。在上一届政府执政时期 ICT 政策的失败不是治理的失败，而是政策的失败。相反，他们认为韩国广播电视通信委员会作为一个基于共识的委员会反映不同利益和专业知识的，进一步提高了透明度和民间参与会度。[1]

民间社会还认为，ICT 治理使媒体从属于信息通信技术。坚持媒体公共性的人，继续把公共价值作为 ICT 的核心价值。因此，他们表达了对媒体纳入 ICT 治理的担忧，要求讨论"如何改善官营电视台治理"和"如何确保报道、制作和节目自主权"。这也反映了民间社会其实并未完全了解什么是 ICT 治理。

从政府、市场和民间社会的反应来看，ICT 治理在韩国还为时过早。韩国并没有跟上将媒体扩展到 ICT 领域的主要发达国家的步伐。

---

[1] 网络中立用户论坛（2013），《关于政府重组的网络中立用户论坛的立场》，2013.2.5。

现在有必要从追赶者转变为领导者,但这是非常难的挑战,而且制度和惯性上的障碍仍然很高。政府总是在强调媒体的公共性,但却未能给出适应新环境的定义,而只是反复炒作旧概念。政府还没有成为平台政府。在市场上,寻求创新的公司与寻求安于现状的公司之间存在很大差异。民间社会则积极参加对意识形态的讨论。

13　历史的倒退

不确定的世界

2017年1月，美国著名地产大亨唐纳德·特朗普就任美国总统。特朗普总统的当选是一个重大变化，他改变了美国作为这个时代的霸主，扮演世界警察角色，领导世界秩序的进程。特朗普总统将这一点整合到他的"美国优先"愿景中。特朗普总统对"美国优先"的定义是，所有关于贸易、税收、移民政策和外交事务的决定都是为了美国工人和美国家庭的利益而做出的。这归结为"购买美国产品，雇用美国人"的原则。特朗普还将美国优先的敌人描述为"对制造美国人制造的产品、窃取美国企业并摧毁美国就业机会的其他国家"。

2017年3月，英国正式宣布退出欧盟（EU）。该决定是在2016年6月英国脱欧公投结果之后做出的。英国脱欧舆论是由2008年全球经济危机引发的欧洲金融危机引发的。随着欧盟财政状况恶化，英国支付的欧盟会费负担增加。此外，随着进入英国的打工移民人数大幅增加，特别是2015年底叙利亚等国难民的不断涌入，英国国内要求退出欧盟的运动加速。2015年，英国首相候选人戴维·卡梅伦（David Cameron）将脱欧公投作为大选承诺并最终获胜，英国全民公投最终以52%的赞成票决定了英国脱欧。

2017年5月,埃马纽埃尔·马克龙总统在法国就职。马克龙的政权不隶属于社会党或共和党这两个主流政党,马克龙政府是一个边缘少数派的政府,这是自1958年法兰西第五共和国成立以来60多年以来的第一次。马克龙政府在倡导自由市场经济政策的同时表达了中间立场,也接受了左翼政策,例如减少不平等和为所有市民提供机会。他强调,欧盟应通过加强法国和欧盟的合作,从而强化欧盟在世界上的主导作用。

在日本,安倍晋三首相于2017年开始了他的第四个首相任期,推动了强大的日本制造进程。优先恢复日本经济"失去的20年",通过实施量化宽松政策,日本经济社会重获活力,失业率达到最低水平。基于此,安倍成为战后任职时间最长的首相。

政府对传媒的控制

文在寅政府奉行控制媒体政策。从2017年8月起,执政党共同民主党开始主导广播电视等媒体报道。这包括推动一系列的腐败清理委员会活动,比如组织广播电视公社职员罢免社长的行动,罢免反对党(韩国党)理事的行动、监察院监察活动、韩国广播电视通信委员会经营腐败的调查、通过再许可进行问责等。[1] 这一系列控制官营广播电视公社的计划,并按照计划顺序实行。

2017年9月,韩国政府不断向前政府推荐的官营广播电视公社的

---

[1] 金雅珍、李玉珍(2017年7月9日),执政党与KBS·MBC的对立,强调人事腐败,并对民间团体施压。朝鲜日报,http://news.chosun.com/site/data/html_dir/2017/09/08/2017090800250.html

13　历史的倒退

董事们施压，要求他们辞职。由上届政府推荐的 MBC 和 KBS 董事尽管任期未满也相继辞职了。韩国通过辞退前政府推荐的董事，任命现政府推荐的董事接任董事会，从而更换公社社长。但是，这是通过一些不寻常的手段比如追到董事的工作场所和家庭这样的方式达成的。甚至坚持到最后的 KBS 理事是在韩国广播电视通信委员会举行了解雇听证会以后最终被解雇的。在这以后，官营广播电视公社的社长马上就被亲政府的人物接任了。

2018 年在官营电视台内部成立了所谓的反腐败组织。根据政府针对广播电视报道和记者制定的反腐败政策，成立了 KBS 的"真相与未来委员会"、MBC 的"规范化委员会"和韩联社的"创新委员会"等组织，开展了以调查、人事警告和解雇台内同僚等活动。1980 年开始的强制解雇记者和废除媒体等强制控制在 38 年后死灰复燃。

通过这些过程，报纸和广播电视成为政府的附属，成为亲政府的媒体，市民将目光转向媒体的替代方案，离开了传统媒体。自 2018 年以来，YouTube 已成为韩国的替代媒体。以前的记者和现在的官方记者都通过 YouTube 参与传递新闻和表达意见。在其他国家，YouTube 的视频主要集中在软新闻、自媒体和生活方式上。但在韩国，YouTube 作为替代媒体的特例引起了世界的关注。而 YouTube 频道作为替代媒体也深受市民欢迎。

结果，2018 年 10 月，执政党共同民主党调查了运营 YouTube 的谷歌韩国公司，要求删除 104 条内容。对此，谷歌得出的结论是"不存在侵权内容"，但执政党并未透露这 104 条内容是什么。众所周知，问题主要出在反对派支持者创作的内容上。执政党进一步宣布，将推动《防止虚假操纵（假新闻）信息传播法》。制定这部法律的目的是为了打击假新闻。在此，假新闻被定义为："政府机关等认定为不真实的信息。"（法令第 2 条第 1 项）。换句话说，它是由政府机构判定是真是假。政府机构裁减和惩罚正在破坏新闻自由，但他们在 21 世纪的信息时代却依然这样做。

政府也遵循执政党的政策。韩国广播电视通信委员会提出了一项计划，以改进系统以消除虚假信息（假新闻）。总理下令严厉打击假新闻，称"假新闻是民主的破坏者"。韩国广播电视通信委员会也提出了"消除虚假信息的系统改进计划"。根据该计划，政府强调成立专门而强大的泛政府综合对策专案组，并根据《信息通信网络促进法及信息保护临时条例》上的规定定义虚假信息和假新闻进行打击。联合韩国通信审议委员会，旨在进一步强化政府参与。

2019 年 2 月，韩国广播电视通信委员会宣布"895 个在海外设置服务器的 HTTPS 站点被屏蔽"。这些屏蔽举措招来大家对过度监管的忧虑。民众担心可能导致侵犯隐私的过渡审查，超过 20 万人参与了反对的请愿活动。

政府试图将利用互联网的替代媒体（包括 YouTube）都打压成虚假新闻。在 2019 年 8 月，文在寅总统也亲自出面表示，"为了韩国经济的健康发展，我们必须警惕毫无根据，夸大市场焦虑情绪造成社会恐慌的假新闻和虚假信息。"在此三天后，在韩国记者协会成立 55 周年的纪念仪式上，总统在贺词中再次提出假新闻问题，称"在假新闻泛滥的世界里，真相变得更加重要"。同月，韩国广播电视通信委员会委员长内定者也表示，"假新闻不在言论自由的保护范围内"。

这种媒体控制在国外也屡见不鲜。2018 年 9 月，在美国福克斯电视台采访文在寅总统时，采访者向文总统询问了韩国压迫新闻界和压制言论自由的问题。2018年10月，韩朝高层首脑会晤举行，政府禁止"脱北者"的记者进行采访报道。这也是自1980年威权政治禁止记者采访以来38年来历史的重演。这遭到了国内外舆论的讨伐。国际记者协会（IPI）批评说："将记者排除在外的措施表明，政府害怕批评，可以践踏新闻自由以确保正面报道。"

2019年2月，美国经济杂志《福布斯》发表了一篇题为《韩国正在走向数字独裁吗？》的文章。该文章称，"韩国政府试图封锁互联网是想看看人们在用它做什么。"它指出，文政府希望与朝鲜发生点儿什么，所以也许是无法容忍国民批评朝鲜也说不定。2019年3月，无国界记者组织（RSF）发表联合声明，谴责韩国执政党对一些批评政权的记者进行为难。记者无国界组织是一个国际新闻人权组织和媒体监督组织，1985年在法国巴黎成立。无国界记者组织表示："我们谴责执政的韩国民主党对批评文在寅政策的记者进行抨击的行为。"驻韩外国记者聚会的首尔外国记者俱乐部也发布了一份声明。内容如下：

首尔外国记者俱乐部董事会对韩国民主党近日发表声明，称彭博新闻社一名记者写了一篇关于总统的文章，这导致对其人身安全构成了极大威胁，对此事表示关注。

对于任何政客来说，将报道公共利益或舆论的个人记者称为"侮辱国家元首的大亨"，这是非常令人遗憾的。这是一种新闻控制形式，是泼新闻自由的冷水。与文章相关的问题或投诉应通过正式程序提交给媒体，绝不能针对任何个人。

大韩民国长期以来一直在为实现完全民主而奋斗。首尔外国记者俱乐部（SFCC）敦促各方政治家尊重言论和表达自由的权利。

1980年代，新闻自由受到《舆论基本法》的限制和控制，时隔40年再次发生。这表明韩国的民主状况已经恶化。[①]

传统媒体的衰落与新媒体的替代

媒体是最能看清楚ICT影响的领域。技术对媒体的影响是巨大的。印刷催生了报纸媒体，电力和电子技术催生了广播电视媒体。现在，互联网和移动技术带来了巨大影响。根据信息和通信政策研究所的一项调查，韩国人在2015年已经将智能手机视为必不可少的媒体，它取代了电视。影响主要向两个方向发展。

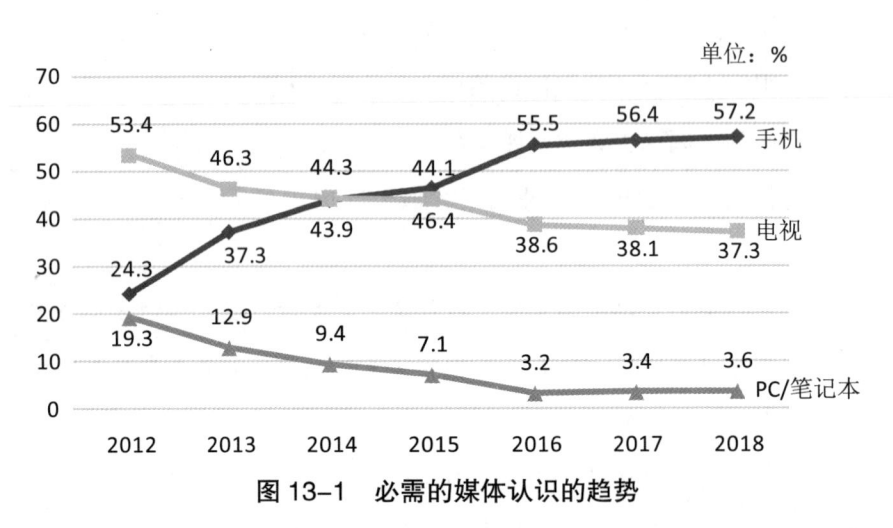

单位：%

年份	手机	电视	PC/笔记本
2012	24.3	53.4	19.3
2013	37.3	46.3	12.9
2014	43.9	44.3	9.4
2015	46.4	44.1	7.1
2016	55.5	38.6	3.2
2017	56.4	38.1	3.4
2018	57.2	37.3	3.6

图 13-1 必需的媒体认识的趋势

出处：信息通信政策研究院（2018），《2018广播电视媒体使用形态调查》。

[①] 首尔外国记者俱乐部（2019年3月16日），声明。https://www.assembly.ac/com_02/987

13 历史的倒退

一是弱化了现有的传统媒体。报纸、广播等传统媒体销量下滑、用户减少，受到重创。随着媒体用户的观念从传统媒体电视转向智能手机，电视的媒体使用减少，通过移动设备的内容消费增加。随着视频内容成为媒体内容中使用最多的内容，传统媒体公司纷纷将目光转向网络视频。

报纸销量持续减少，电视台也面临同样的命运。报纸媒体推动了数字报纸的变革，突破了纸质报纸的限制。移动互联网新闻使用率从2011年的19.5%上升了61.3个百分点至2018年的80.8%，而纸质报纸的阅读率则从1996年的85.2%下降至2017年的16.7%，只是原先的五分之一规模。因此，报纸将目光转向了视频新闻，增加了新媒体的比重。

随着在线视频成为主流，广播电视台也积极推动他们的新媒体视频服务。三大电视台最先开始提供在线视频平台，但业绩不佳。于是，它们又搞了一个名为"Pooq"的内容联盟平台，然而市场反应也不佳。2019年，它与SK Broadband的视频服务玉米合并联合推出了"Waave"服务。广播电视需要更多投资来弥补竞争力下降，电信运营商也需要一些优质内容才能成长为国际化的优秀平台。此外，国内主流电视台最初拒绝了海外在线视频平台服务Netflix的合作，理由是捍卫韩国国内内容和媒体行业，但很快做出了妥协，开始与Netflix合作以应对在线视频新媒体的威胁。

二是新媒体的出现和媒体公司领导层的变化。2016年以来出现了电信运营商主导付费电视市场的新现象。2008年距离电信运营商开始IPTV业务不到10年，IPTV就超越了有线电视。此外，电信运营商通过收购有线电视深入渗透媒体领域。2019年2月，IPTV市场第三大运营商 LG Uplus 收购第一大有线电视公司 CJ Hello，成为第一大股东。在付费电视市场，三大电信运营商 KT 占 32%、LG U+ 占 24%、SK Broadband 占 14%。①

此外，随着在线视频成为最强大的媒体，全球在线视频服务在韩国的地位也在逐渐提高。YouTube 一直处于领先地位。YouTube 于 2008 年登陆韩国，直到 2015 年才被广泛熟知，但自 2016 年以来增长迅速。截至 2019 年 8 月，YouTube 成为使用最多的应用程序，击败了被称为国民应用程序的 KakaoTalk 和被称为国民门户网站的 Naver。

自 2016 年 3 月 Netflix 进入韩国以来，它在短时间内就在韩国站稳了脚跟。Netflix 最初进入韩国时媒体界普遍存在负面评价。首先是 Netflix 的价格竞争力较弱，因为韩国付费电视的订阅费非常便宜。在美国 Netflix 订阅具有竞争力，因为 Netflix 订阅费用是有线电视等付费电视订阅费用的十分之一，但在韩国不同。二是缺乏专业化的内容。Netflix 美英剧内容较多，对韩国用户的吸引力不是很大，而且韩国电影、韩剧等内容也相对缺乏，所以订阅 Netflix 没有什么可取之处。因此，普遍认为 Netflix 由于市场和用户之间的差异而难以立足。②

然而，仅仅三年时间，Netflix 就打破了这些预期，在韩国在线视频市场站稳了脚跟。Netflix 通过增加韩国原创内容制作并从无线电视

---

① 金法雅（2019.2.14），LG U+、CJ Hello 作为子公司，第二轮媒体重组通知。Edaily，https://www.edaly.co.kr/news/read?newsId=04260726622390520 & mediaCodeNo = 257 & OutLnkChk = Y

② 许婉（2016.1.7），Netflix 在韩国不容易成功的 3 个理由：《赫芬顿邮报》韩国。美国，https://www.huffingtonpost.kr/2016/01/07/story_n_8927166.h tml? ncid = tweetlnkkrhpmg 00000001

台、有线电视台和综合编成频道那里购买电视剧和综艺节目，积极进入韩国市场并在短时间内确立了自己的地位。从 2018 年 tvN《阳光先生》和 JTBC 的《天空之城》在电视与 Netflix 同步播出开始，现在大量内容都是同步播出的。2019 年，公司还专注于原创韩剧的制作，如《Kingdom》。此外，海外 Netflix 原创内容也促使用户群扩大。2018 年 6 月，订阅人数为 63 万，但仅仅一年后的 2019 年 10 月，订阅人数就超过了 200 万，增长了两倍多。在所有付费用户中，20 多岁的占 38% 和 30 多岁的占 31%，两者一共占总订阅人数的 69%，表明年轻人的使用处于领先地位。[①]现在，Netflix 在韩国已成为强大的媒体品牌。

另一方面，也有以 YouTube 为起点的视频频道，之后扩展到网络媒体公司的案例。2018 年创刊的《笔和麦克风》就是在 YouTube 频道"Jeonggyujae TV"的基础上扩展和发展的新媒体，同时运营网络新闻和 YouTube 频道也创造了一种新的媒体模式。虽然网络新闻 YouTube 频道很多，但像"笔和麦克风"这样两个领域协同成长的情况却很少见。它不仅在融合互联网、YouTube 等新媒体的媒体形式上有所创新，而且在媒体内容上也以"自由、真实、市场"为核心，形成了立意鲜明的媒体。

[①] YTN (2019.11.12)，Netflix 国内付费用户突破 200 万。YTN, https://www.ytn.co.kr/_ln/0102_201911121038526390

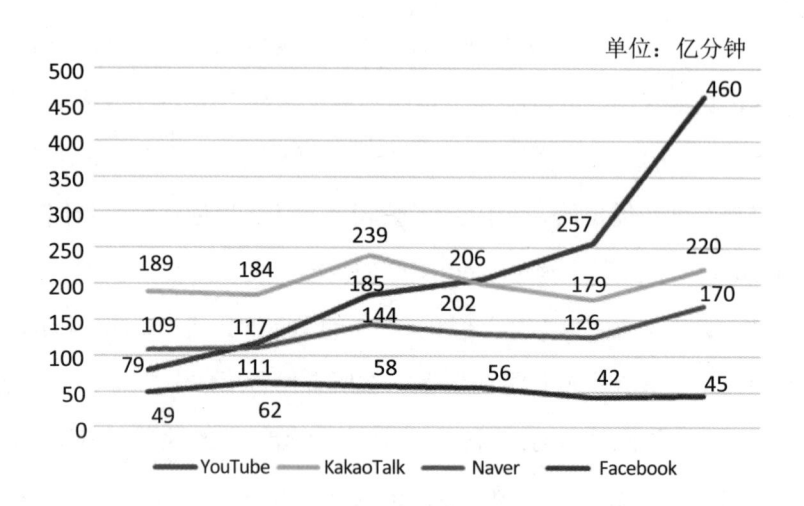

图 13-2　使用视频应用程序的使用时间

出处：李胜宇（2018.3.12），《国内 YouTube 使用时间超过 Kakao Talk, Naver》。

YouTube 的影响力

　　YouTube 对全球现有媒体产生了巨大影响。在韩国，YouTube 是使用最广泛的应用程序以及观看和分享视频的媒体。此外，YouTube 还被广泛用作搜索引擎以及视频共享。YouTube 不仅有这些影响力，而且有取代韩国现有媒体和舆论的倾向。在美国和欧洲国家，YouTube 大多在兴趣爱好、生活方式等相对轻松的内容上分享和使用，政治和社会时事的话语权仍以报纸、广播电视等传统媒体为中心。然而在韩国，YouTube 在政治和社会新闻等信息获取方面已经取代了既有媒体。这是世界范围内都非常罕见的现象。YouTube 已成为韩国最强大的舆论媒体。

首先，YouTube对媒体产生巨大的影响表现在很多方面。首先，YouTube巩固了视频时代。直到2010年代中期，用户通常都是通过文本搜索有利用价值的信息。而如今，通过视频而非文字进行搜索的信息活动的比例却急剧增加。视频搜索、视频购物等所有服务都改为以视频为主。YouTube是最适合视频时代的服务，现在涵盖了所有年龄层，巩固了YouTube的视频统治。所有内容都以视频的形式集中在YouTube上，各种功能相结合成为一个全方位的平台。

其次，YouTube迎来了自媒体时代。任何人都可以将视频上传到YouTube并使用它，"自媒体（个人媒体）"时代已经开启，所有用户都是媒体制作人。当然，这并不是说在YouTube之前就没有自媒体的意思。我们长期以来一直梦想从中心化性质演变为去中心化和自治的媒体。任何不仅仅满足于少数专家提供信息，而是使用信息的人自行生产并共享信息的模式，都是符合能够实现自由民主理想的媒体模式。以往的媒体被认为需要专业设施和专业培训，并作为一个封闭的组织体系运作。但现在这个潘多拉的盒子已被打开了。

YouTube催生了一种名为"创作者（creator）"的新职业。YouTube"创作者"是指在YouTube上创造性地制作和提供视频的人。以前也使用"1人广播"或"BJ"等术语，但随着YouTube的普及，从事"创作者"这一职业的人开始增多。随着1人媒体内容制作的活跃，出现了很多知名的YouTube创作者，从事直接制作和分享各种类型的内容，如游戏解说、吃播和恶作剧。这也成为一种新文化潮流。与其他社交媒体不同，YouTube具有"利润分配"结构。YouTube通过将视频附带的广告收入分配给创作者来吸引创作者。结果受欢迎的YouTube用户可获得数十亿美元的广告收入。从70岁的Makrye祖母到6岁的 Borami，YouTube 明星一代又一代地诞生。"Borami Tube"拥有 3100 万订阅者，每年的 YouTube 广告收入超过 400 亿韩元。近来，"创造者"已成为小学生最喜欢的职业。

第三，YouTube 极大地促进了交互式沟通。熟悉视频多媒体的年轻一代正在成为消费主力军。随着 5G 和 Wi-Fi 等高速互联网服务的扩展，它已经扩展到直播服务，成为一种通过游戏、直播购物，甚至直播阅读，让互动交流更加生动的新媒体。

第四，YouTube 已经确立了自己作为替代媒体的地位。由于报纸新闻、广播电视等传统媒体受政府影响，呈现以亲政府为中心的新闻和信息传递，韩国人选择 YouTube 作为现有媒体的替代品。2018 年之后，YouTube 作为政治新闻领域的替代媒体登场，在韩国出现了一种罕见的现象。这点是即使是 YouTube 总部也没有预料到的。

在路透社新闻研究所和英国牛津大学韩国新闻基金会的联合研究项目《2019 年数字新闻报告》中显示，有十分之四的韩国人在 YouTube 上观看新闻。根据韩国报业财团发布的《2018 年媒体观众认知度调查》中可以看到，在线视频平台使用率达到了 33.6%，几乎是纸质报纸媒体（17.7%）的两倍。当被问及主要使用何种视频平台时，91.6% 的人选择了 YouTube。[1] 此外，在《时事人》2019 年的调查中，YouTube 作为最受信任的媒体排名第二（12.4%）。这个数字在 2018 年仅为 2%，而在 2017 年仅为 0.1%。[2]

---

[1] 蔡英吉（2019 年），"2018 年媒体受众意识调查"，《报刊与广播电视》，2019 年 1 月号，韩国舆论振兴财团。
[2] 张日浩（2019 年），《我看 YouTube 是因为我不相信新闻》，《时事人》626 期，2019 年 9 月 17 日。

因此，现有的媒体工作者不仅在传统媒体上工作，同时也在YouTube媒体上工作。越来越多的人既是记者，同时又在YouTube上拥有自己的频道。

朴槿惠总统被弹劾的韩国政局、世界上最好的移动基础设施，以及最关键的是对现有媒体的不信任，使得YouTube在韩国成为媒体和替代品。文在寅政府上台以后，对公共广播电视机构、新闻频道等主要新闻工作者施加压力和影响，大众对媒体的不信任更加增大了。因此，对现有媒体不满的用户逐渐跑到以YouTube为主要渠道的自媒体平台上，形成了一种独特的现象。右翼记者、政治评论员和政客纷纷涌向YouTube。比如"上帝之手"，就拥有超过100万订阅者。当YouTube成为一个政治舞台时，左翼也加入了进来，比如"卢武铉财团"拥有超过100万订阅者。YouTube成为左右阵营的战场。

工会组织的影响

韩国工会联合会（KCTU）、全国教职工工会、参与连结和促进民主社会律师会等左翼组织在文在寅总统上台的过程中发挥了重要作用。他们自称为"烛光力量"，带领国民烛光示威，弹劾了前总统朴槿惠。特别是，工会是支持文在寅政府的最强力量，影响了政府的所有政策。文在寅政府优先考虑工会联合会要求的劳工政策，例如大幅提高最低工资、将非正式雇佣转为正式雇佣、减少法定工作时间。随着工会联合会拥有了无可反驳的权力以后，也开始通过媒体工会组织介入主导媒体的声音。

2017年5月政府换届以后，全国媒体工会就批评"（现有的）

媒体势力正在成为腐败的主体"，并表示"我们将从内部开始争取媒体权力的转变。媒体公司首先要……①"这个反腐运动就这样开始了，朴槿惠政府任命的官营电视台的社长和高管被作为腐败分子打倒，媒体工会为让他们辞职卸任而进行斗争。

不仅如此，媒体工会在政府媒体政策的决策中也发挥了主导作用。从"候选人文在寅的政策承诺中很大一部分也反映了工会的政策建议"这一事实中便可看出，甚至在总统选举之前就媒体工会就与政府进行了密切协商。

媒体工会也深度介入了媒体企业的运营管理。2018年9月，四家无线电视台与韩国工会联合会下属的媒体工会签署了"无线电视台产业协议"。通过这种方式，工会能够影响报道、节目编排和人事管理。换言之就是"报道、节目、制作负责人的职位和范围由各广播电视台的劳资双方协议决定"，"在任命与考核负责人方面必须反映制作人的意见"。除此规定此外，还强制要求建立一个可以参与广播电视台管理的劳资平等的"公正播出组织"。公正播出组织的职责和权力包括讨论有关报道、节目编排和制作有关的所有情况；对于节目的公正公平及节目制作的自律性受到侵害时的审查和追责，管理人员出席听证会并递交相关材料，明确表明"公正播出组织"有处分审议和要求的权力等。

2019年7月，全国媒体工会等23个民间团体发起了"媒体改革市民联合网络"。该组织提议成立媒体改革全国委员会，要求推行媒体改革政策。

---

① 全国媒体工会（2017.5.10），声明：现在，媒体权力的最后一扇门依然存在。

2018年9月，文在寅总统在广播电视纪念日的讲话中，在强调政府将彻底保障广播电视媒体的独立性和公开性的同时，也宣称"媒体对朝鲜半岛的和平作用巨大"。由此可见，政府不是要保护媒体的独立性，而是要媒体忠实于政府的政策。从此开始广播电视媒体也开始沿着这条路线向亲政府倾斜，而变成由工会主导的媒体也是在这样的历史大背景下形成的。

民间社会的冲突

与此同时，作为市民社会中流砥柱的左翼市民团体进入政权，直接参与政府政策。民间团体的代表也成为政府官员。韩国广播电视通信委员会前委员长就是媒体改革市民联盟的前代表，而接替他的现任委员长也是舆论市民联盟的前代表。因此，这些市民团体和政府融为了一体，不在独立于政府存在。

左翼市民团体的社会空缺被出现的右翼市民社会团体所取代。右翼市民团体相继成立。2019年3月发起的"自由市民行动"（Free Citizens Action）主张"反对政府干涉自由、主张自由市场经济，反对过渡亲北政权，强调民生，反对退步与情绪化，强调发展型的外交指向，反对非法移民和难民，把国民安全放在首位"。在媒体方面，他们表示将发起一场反对控制网络媒体的运动。2019年4月开播的《平台自由与共和》也在开播宣言中宣称，自由主义、民主主义和共和主义是指导大韩民国发展的价值观，是需要不断延续的价值观。他们还表示，他们的目标是在以个人自由为基础的社区、克服民族主义的开放市场、自治的市民社会、幸福导向的国家和制度整合的前提下实现统一。①

在媒体领域，发起了"媒体联代"和"正确舆论联代"等组织并开始开展活动。这些市民团体强调了警觉和监督可能歪曲事实的左翼媒体权力的重要性。2018年4月，"媒体联代"宣布，"我们将开展媒体生态的监测活动，以避免媒体环境的政策倾向，寻求真正的报道方向和路径，保护自由民主的价值观。"媒体联代就"民族认同""朝韩板门店会谈""地方选举""官营广播电视台过去清算委员会的实际情况""醉酒事件"等社会热点问题举行了讨论会。"正确舆论联代"在其成立宣言中表示将致力于"公共媒体作用正常化，警惕门户网站的权力过度，确保私营媒体公司自我纠正能力"等。②

与此同时，左翼民间社会团体对政府加大媒体控制大多保持沉默，但也有人批评。针对韩国广播电视通信委员会对假新闻采取的反制措施，就连亲政府的民间团体也批评称，"政府试图消除所谓的虚假信息和假新闻，这是对言论自由的侵犯和压迫。"经济正义实现市民联盟表示，"政府可能假借防止假新闻的名头，侵犯新闻自由，过度限制用户的言论自由，所以应该撤回这项举措。"在受到舆论的批评后，政府停止了这项措施。③

市民社会现在已分为左右两派的政治势力并干预政治。尤其是左翼市民团体通过很长的时间，为建立左翼阵营的政治力量做出了贡献，

---

① 周东植（2019），右翼市民团体活动如火如荼。第三条路，http://road3.kr/?p=15216&cat=145
② 成基勇(2018.9.27)，反对"左媒体力量"的媒体团结斗争——右媒体团结.《笔和麦克风》，https://www.pennmike.com/news/articleView.html?idxno=100 78
③ 金泫雅（2018.10.17）。市民经济正义联盟"法务部打击假新闻的措施，恐破坏民主"。Edaily, http://v2.www.edaily.co.kr/news/news_detail.asp?newsId=0143 9926619373904 & mediaCodeNo = 257

他们中间产生的政治家进入到政府部门，并成为政策制定的一方。

　　然而，正是左翼市民社会的这种变化弱化了市民社会的独立性和责任感。市民社会堕落退化成为政权之外的一种边缘势力，这损毁了市民社会原本的监督作用。这是左翼积极分子借由市民社会动员群众，组织和运作市民团体的结果。另一方面，右翼市民团体的历史较短，没有形成政治势力。作为媒体治理的参与者来说，它的作用也是微不足道的。

14 结语：综合传媒治理

工业化、民主化、信息化、全球化

韩国在1980年代后通过全面的经济增长实现了工业化，并在1987年后实现了民主制度化。通过经济发展壮大了中产阶级，教育得到了普及文化得到了传播，这导致了民主价值观的广泛接受和政治参与度的增加。其结果是通过解决社会矛盾来建立民主制度。[1] 在韩国推动经济发展的开始之时，威权主义曾经领头，但通过经济增长实现工业化后，韩国实现了民主化。

韩国社会实现工业化、民主化的这一趋势，也在媒体上有所体现。韩国经济在1981年至1987年间创下飞速发展的纪录，年均GDP增长率为8.7%。从1988年到1992年，也呈现出了8.36%的高增长率。与此同时，媒体行业也迎来了1980年代经济增长带来的发展机会。媒体已经从过去的官方宣传渠道转为促进行业发展。这意味着由原来国家控制的媒体垄断体系已经崩溃，转入市场扩张期，这个阶段整个媒体市场都在迅速增长着。如果看全国日报的销量，就可以清楚地看到市场的增长。它从1980年的1372亿韩元迅速增加到1985年的

---

[1] 崔长集（2005），《民主化后的民主，韩国保守派起源与民主危机》，人道主义。

2877亿韩元，1990年的6302亿韩元，1995年的17169万亿韩元。可以说韩国媒体市场飞速发展。

随着媒体市场的发展，媒体的话语权也得到了增强。这也体现在韩国文化力的变化上。1990年代以后，韩国社会开始关注文化产业化的必要性。随着韩流的发展，文化产业作为面向未来的产业受到关注。在此之前，文化一直被视为一种消费活动。在以制造业为中心，以出口为导向的经济发展时代，没有人关注文化发展。然而，从1990年代开始，人们开始关注文化的产业价值。文化的产业化反映了知识与文化产业化的全球大趋势。在知识社会和信息社会的框架下，文化被视为一种商品，媒体内容被广泛使用。特别是出现了将文化与信息通信技术相结合发展新媒体产业。此后，政府将内容产业列为国家"未来战略产业"。媒体和内容已经成为行业发展中的重要概念。

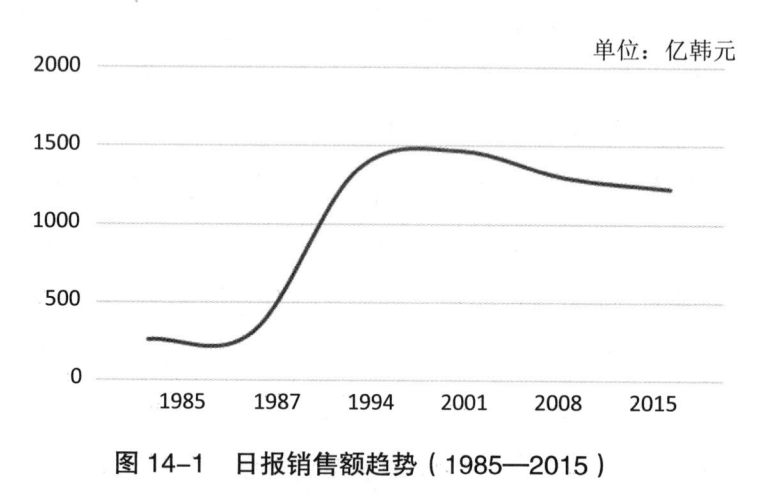

图 14-1 日报销售额趋势（1985—2015）

出处：报纸与广播（1996.2）；《舆论经营成果分析（2008）》；报纸媒体财务分析（2012，2015）。

媒体一直被威权政府压制到1987年，新闻自由在那时是受限的。

媒体的民主化是在1987年之后伴随着社会的民主化而发生的。这一点也得到了媒体工作者也普遍认同。从1989年韩国报业研究所进行的"记者意识调查"的结果中可以清楚地看到这样的结果。指向政治权力控制的百分比持续下降。因此，媒体的民主化已经得到实现。

另一方面，从1993年开始，来自广告商的介入水平也开始迅速上升，这表明市场对媒体的影响力已经显现。市场和技术发挥领先的作用日益显现。移动电视就是一个典型的例子。卫星DMB的发展就是由一家私营公司发起和主导的。私营公司准备了技术和服务，政府监管紧随其后。现在，新媒体的出现和发展都是由民营企业来完成的。媒体公司内部响应的百分比也显示出持续上升的趋势。

表14-1　对限制舆论自由的因素认识（1989—1997）

	政府干涉与统治	舆论媒体的努力不够	舆论媒体内部的干涉	舆论媒体人的努力和资质不够	广告主的施压
1989	25.4	30.2	13.2	22.9	3.4
1991	27.6	18.7	14.2	33.0	2.3
1993	15.1	31.1	15.3	26.3	9.2
1995	14.3	27.5	21.3	25.3	9.7
1997	11.9	26.2	17.4	27.4	14.2

出处：朴振宇、李正勋（2016），民主化时代的媒体与民主主义价值的倒退，《韩国广播电视学会学术大会论文集》，61—80。

此外，媒体的影响力也越来越大。媒体开始在民主进程中发挥作用。随着民主化进程的推进，媒体也在扩大的民主制度和规范下对政治和整个社会施加着影响力。媒体在指导和塑造社会议程方面发挥了重要作用。

然而，随着其作用的扩大，媒体的独立性却似乎被削弱了而不是加强。每当政府换届时，该政权都试图控制媒体。2017年文在寅政府上台后，又重回到了媒体控制的时期。

信息化、工业化以及民主化对媒体的影响非常巨大。信息通信技术的发展对媒体产生了深刻的影响。电子和电气技术使广播电视媒体成为主导媒体，而互联网和手机使社交媒体成为主流。信息化作为信息通信技术发展的目标而被推动，在此过程中自然而然地改变了媒体。

特别是政府将信息化政策作为国策推进后，信息化开始深入国民的生活。韩国取得了信息化指标世界第一的优异成绩。

韩国信息化政策是行业发展的动力，它的成就已经为世界周知。各种指标也告诉我们，它是韩国经济中最重要的部分。在信息化政策的推动下，韩国在CDMA、宽带、DMB、WiBro等领域持续打造世界领先的服务。特别是信息化已经确立了与全球化和市场经济一起定义韩国社会的知识型信息社会的新范式。[①]在2000年代，韩国高速互联网普及率世界第一，移动通信普及率也是在世界第4至第5名徘徊。

韩国的信息化政策最初侧重于基础设施建设，高度化完善通信设施的扩展和进步。ICT行业通过大量投资建设通信基础设施扩大了供应。国家基础设施网络工程和高速国家网络工程就是具有代表性的例子。此外，韩国在1994年成立了信息通信部作为ICT的专门管理部门，并于1995年制定了《信息化促进基本法》，以制定全面的信息化政策体系。此外，政府还设立并运行了信息化促进基金来确保发展所需的资金。

[①] 宋熙俊（2002），"知识信息社会的政府设计方向"，《社会科学研究论丛》，第九卷，5-24，梨花女子大学社会科学研究所。

表 14-2　信息化政策的历史

	信息化促进基本计划	虚拟韩国 21	e-Korea Vision 2006	Broadband IT Korea Vision 2007
期间	1996—2000	1999—2002	2002—2006	2003—2007
愿景	到 2010 年实现世界最高水平的信息化	建设国家创造性的知识基础	建设全球领袖 e-Korea	建设 IT Korea
特征	为了实现高度信息化社会，在核心紧迫的信息化事业中选择波及效果最大的 10 大重点课题进行支援	客服 IMF 金融危机，通过信息化发展创造新的就业岗位，让经济恢复活力	随着虚拟韩国 21 的提前完成设定新的信息化愿景与目标	电子政府蓝图，BcN 基本计划，信息保护中长期基本计划等各个领域的核心计划

出处：吴正妍（2006），韩国的信息化政策发展过程及成果，《NCA Issue Report》No。06-07，韩国电算院。

在信息化政策出台初期，媒体的重要性并不大。1990 年代推行的信息化政策主要侧重于信息基础设施的建设，与媒体的相关性不大。然而，随着媒体融合的发展，信息化政策超越了基础设施，囊括了服务和媒体内容。有线电视于 1995 年推出，就是信息化政策的一结果。

有线电视政策的变化被认为是媒体在信息化中发挥重要作用的一个案例。在有线电视的早期，从媒体的角度来看，有线电视有严格的准入规定、三分治理的规定和销售限制等，这些都是强有力的业界门槛。但是，基于有线电视不仅具有媒体功能，还具有信息通信网络的功能，提供高速互联网和家庭购物等各种多媒体服务的观点，政府放宽了对有线电视的规定，结果使得有线电视的发展大放异彩。

1999 年，广电改革委员会确定广播电视改革的基本方向之一是积极应对广播电视与通信融合的趋势。这是这家机构第一次将广播电视与电信的融合视为媒体发展的主要方向。在2004年公布的IT-839政策中，媒体被视为信息政策的重要组成部分，并以数字媒体为核心进行发展。IT-839政策的主要目标包括DMB、IPTV和数字电视。此后，媒体在信息化中的比重逐渐增加。2008年，作为同时监督广播电视和电信的组织，韩国广播电视通信委员会成立了。

信息化的结果是升级和开放各种有线和无线网络，让任何人都可以使用先进的网络。也就是说，通过开放网络，服务、内容和应用程序可以自由流通。因此，信息化政策的推进需要媒体开放的政策。数字化和宽带化使所有媒体服务都以数字方式提供并促进相互融合。特别是在内容方面，随着用户参与内容生产和使用的增加，内容生态系统向以用户为中心的体系转变。信息化对开放媒体、改变媒体治理作出了巨大贡献。

全球经济社会和媒体的融合对韩国传媒产业产生了影响。引领1980年代自由市场经济和开放经济的新自由主义在改变韩国经济和媒体发展方面发挥了重要作用。1990年代世界传媒行业因接受新的ICT技术而发生了翻天覆地的变化，这对韩国媒体也产生了影响。有线电视事业的开展不仅促进了信息化发展，还包括防止来自日本等国家的卫星广播越界传输的目的。相反，韩国为了进军全球市场而导入了卫星广播电视。跨国媒体公司的进入也影响着韩国政府的媒体政策。

采用美国ATSC方式作为数字传播标准的决定就是针对全球市场而不是韩国国内市场所定的。了解全球的行业发展对于确定数字广播格式标准非常重要。

在2000年代千禧年之际，媒体融合正式开始了。世界已经变成了一个可以自由跨越媒体、娱乐和信息服务领域边界的综合系统。为了适应这种世界性的变化，韩国在建立媒体融合监管框架时，这种世界趋势也发挥了决定性的作用。韩国广播电视通信委员会就是在应用美国FCC的模式下成立的。

现在，韩国媒体和内容产业都以走向世界为目标。广播电视节目不再专为国内市场制作。"鸟叔"和"防弹少年团"就是通过充分利用全球YouTube平台，成为世界级影响力的艺人。CJENM（韩国知名娱乐传媒公司）的愿景是"打造世界第一生活方式的创造者"，为全世界人的生活带来乐趣。

政府、市场、市民

从建立媒体系统到许可业务和保护用户，韩国政府在整个变革过程中发挥了主导作用。然而，在过去的40年里，政府的角色也发生了变化。它已经从主导规划转向实施，转向与市场和民间社会的合作。

政府各部门的作用也发生了变化。在1980年代和1990年代，公报处和文化观光部发挥了主导作用。公报处和文化观光部是负责媒体和公共关系的政府部门。因此，媒体是隶属舆论导向和宣传领域，政治因素是被优先考虑的。然而，自1990年代后期以来，信息通信部等信息技术部门的参与有所增加。主管技术和市场的政府部门的作用有所增加。2008年，韩国政府成立了统一管理媒体融合的韩国广播电视通信委员会。2013年，韩国政府又成立了主管科学与信息通信技术的未来创造科学部，其职责与韩国广播电视通信委员会分离。报纸等出版媒体领域被划分到文化体育观光部。除了付费广播和用户保护之外的广播电视领域被划分到韩国广播电视通信委员会外，付费广播和新媒体领域都被划分为到未来创造科学部。2017年，未来创造科学部变更为科学技术信息通信部，但职责没有变化（见表14-3）。

表14-3 监管负责媒体的政府机构变化

时期	机构
1980—1990	文化公报部，体信部，广播电视委员会
1990—1999	公报处，文化部，体信部，广播电视委员会
2000—2008	广播电视委员会，信息通信部，文化观光部，国政宣传处
2008—2013	广播电视通信委员会，文化体育观光部
2013—2017	广播电视通信委员会，未来创造科学部，文化体育观光部
2017—2020	广播电视通信委员会，科学技术信息通信部，文化体育观光部

但同时，政府部门之间也发生了许多冲突。曾经，在有线电视的问题上体育信息部（体信部）就和公报处发生了分歧。体信部认为，由于有线电视是通过有线传输的方式传送电视节目的，所以应属于电信领域。体信部应成为上级主管部门，也有权利许可综合有线电视频道，公报处只需对节目提供者进行许可即可。但公报处表示，比起传播方式及技术方面，由于服务的核心内容是广播电视节目，因此公报处应是主管负责部门。最终，两个部门达成了管理一致协议，由公报处管理综合有线电视的许可，由体信部监管电信设施计划和设施监督与制定传输网络运营商，并于公报处协议使用费用。①

在数字电视运营商的选定时也发生了延迟，这也是部门间的矛盾所致。信息通信部和韩国广播委电视委员会就无线电视数字传播方式

---

① 公报处（1996），《有线电视白皮书》。

14 结语：综合传媒治理

发生了冲突，致使数字电视的推广延误了数年。围绕着无线电视数字播放标准，信息通信部最先是决定采用美国 ATSC 方式作为数字电视的标准的，但遭到了韩国广播电视委员会和一些电视台还有媒体工会的反对。反对意见认为 ATSC 方式在移动接收方面存在缺陷，不能多频道播放也是不足。所以关于传输方法标准的讨论最终难产。其结果就是，重新进行对传输方式的实验和验证。但经过 5 年后，还是决定采用原来的 ATSC 方式，这样就白白浪费了 5 年时间。这场冲突显露了信息通信行业与广电行业领导权的争夺。

即使是政府部门间对于数字电视播放方式的决定以及移动接收问题的争论，之后看来也是一种短视的行为。因为没有看到智能手机的快速增长和发展。2007 年后出现的智能手机让无限移动播放成为可能。当时处于争论风口浪尖的移动接收和多渠道问题被智能手机迎刃而解。这些都是由于媒体治理参与者之间的错误竞争造成的拖延。

IPTV 在广电界也一直是争议的焦点，推广迟迟停滞不前。IPTV 是一种具有代表性的融合服务，在 2005 年时，这种服务到底是要放在广播电视里还是通信里一直无法确定下来。在推动的过程中，韩国广播电视委员会试图将其作为广播电视服务进行监管，而信息通信部试图将其作为传输服务进行监管，从而两者间发生了冲突。信息通信部表示，IPTV 是一种使用通信网络的新服务，因此不受《广播电视法》规定的约束，称 IPTV 属于"通信的附加服务"。而广播电视委员会则认为 IPTV 要从受众的角度来看就是一种特殊的媒体服务，因此促进推行一种新媒体的监管方式。

为了解决上述政府部门之间的冲突，韩国广播电视通信委员会在 2008 年成立了。韩国广播电视通信委员会的成立被认为是媒体融合的

219

一个重要变化。但是，委员会组织的构成也存在着局限性。韩国广播电视通信委员会由五名成员组成，其中三名由执政党推荐，两名由在野党推荐，这被视为执政党和在野党之间的代理人之争，其结果是政策受到了政治的影响。

2013年，韩国政府克服了这些局限性推进ICT的治理改革，将横向监管体系应用于组织结构调整，并成立了负责电子通信传输层未来创造科学部。内容层的监管由韩国广播电视通信委员会负责。然而，由于横向监管制度没有得到充分地实施，仅体现在了组织的建立而没有进行细则规定，由此产生了很多不和谐音。

自1980年以来，媒体治理的主要参与者已从政府扩大到媒体企业。媒体市场在过去40年中得到了显著壮大。一方面报纸和广播电视台增加了，另一方面是电信和互联网运营商也参与了进来。

1987年后媒体公司的数量开始增多。报刊出版量显著增加。随着信息通信技术的发展，引入了电子多媒体。1995年有线电视、2002年卫星电视、2005年移动电视、2008年IPTV陆续出现。有线电视的出现，打破了传统四家无线电视台的垄断局面，让许多电视台得以出现。CJ已成为一家大型媒体公司，运营着最大的有线电视SO业务，拥有20多个频道。它完成了从一家白糖加工制造业公司向一家多媒体内容公司的转变。

图 14-2 韩国传媒产业的成长

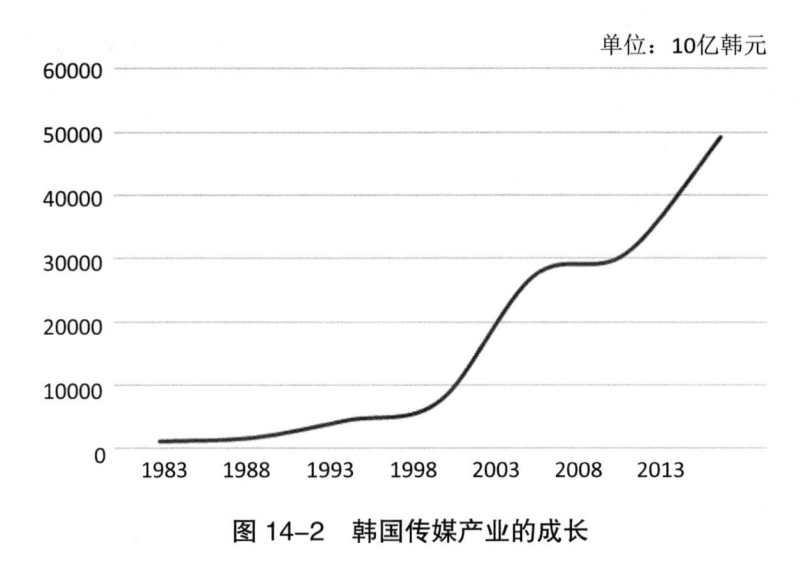

出处：PwC (2015, 2014, 2011, 2005), Global Entertainment and Media Outlook.

此外，在卫星广播电视之后，电信运营商也进入了广播电视市场。KT 提供卫星电视，SK Telecom 提供卫星 DMB，这是一种移动广播电视服务。随着高速互联网业务的发展，诞生了 IPTV。2015 年，韩国最大的付费广播电视公司成为电信公司 KT。而且随着互联网的发展，互联网公司已经转型为多媒体公司。互联网门户网站 Naver 已经超越现有的报纸新闻和广播电视台，成为最具影响力的媒体。

党派性强的媒体也相继出现。1988 年的《韩民族》和 2000 年的《Oh My News》是自 1980 年以来的第一批左翼媒体。与此相反，2018 年出现了《笔和麦克风》等右翼媒体。尤其是在 YouTube 平台的视频频道中，活跃着许多右翼和左翼的频道。

另一方面，财阀企业、大型报社和外资也开始能够进入到媒体领域。直到 2000 年以前，财阀大企业、大型报社和外资的参与都受到政府的限制。2000年颁布的《广播电视法》，首次允许财阀大企业、大型报社和外资的参与比例达到33%。之后，这些公司开始大举进入媒体行业。

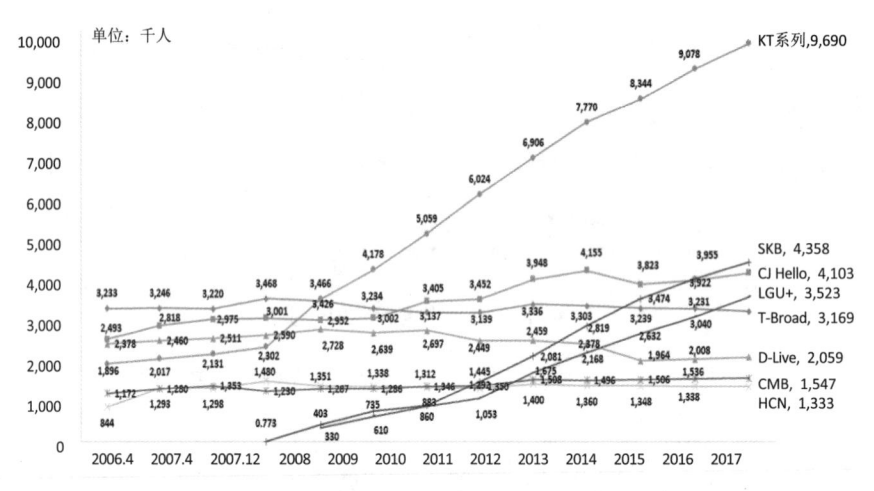

图14-3　付费广播电视用户数字的变化

出处：广播电视通信委员会（2019），《2018年媒体市场竞争状况评价》。

此外，YouTube和Netflix等全球媒体公司通过提供服务在韩国站稳了脚跟。特别是YouTube已经成为韩国最受欢迎的平台，韩国进入了视频时代。

媒体行业放宽了准入限制，如PP注册制的实施使PP频道业务变得更加自由。在2001年，即注册制的头一年，共有213个新的媒体频道在韩国广播电视委员会注册登记。其中，包括116个电视频道和97个广播频道。广播电视频道运营商的数量也从1999年的28家大幅增加至2001年的134家。此外，还出现了可以同时运营多个频道的MPP。它进一步扩大了无线电视台的MPP，并扩展到了报纸媒体的

MPP。

由于这种媒体的融合发展,各大媒体公司都向媒体集团扩张。主流媒体之一的《中央日报》旗下包括纸面媒体(《中央日报》)、电视台(JTBC)、杂志(中央 M&B)、电视剧制作和发行(Drama House)、在线销售和流通(J Content Hub)以及电影院(Megabox)。它已经发展成为一个庞大的媒体集团。此外,东亚日报将其范围扩大到东亚媒体集团,朝鲜日报也扩展其事业到媒体领域。

这样的传媒产业的发展给地方媒体带来了困难。因此,对地方媒体的支援得到了立法支持。2004 年,为了振兴地方报纸,韩国制定了为期 6 年的临时法律《地方报纸发展支援特别法》,地方报纸得到了切实的支持。该法律已两次延长,以继续为地方报纸提供财政支持。2014 年颁布的《支持地方广播电视发展特别法》,规定要像支持报纸一样为地方广播电视台提供公共资金支持。

韩国媒体市场的这种扩张和变化,带来了媒体多样性的增加。

市民作为利益相关者在媒体治理中的参与和作用有所增加。1980 年代开始形成的民间社会和市民团体,在 1990 年代以后的各种公共政策的决策中发挥了重要的作用。市民社会通过监督政治代表、鼓励市民自愿参与政治、制定市民议程和表达利益来促进民主。[①] 在 2000 年大选期间,由大选市民联代组织发起的乐观落选运动,通过改革提名权和鼓励青年政治家参与政治,为政治变革也做出了贡献。

市民在媒体发展上也很活跃。民间社会一直积极参与政府和市场主导的媒体领域。市民在开展监督运动时,已经扩展到媒体素养教育

---

① 林赫白(2000),"21 世纪韩国市民社会与对过去的民主的反思与寻求未来的愿景",《社会批判》,第 25 期,146-176。

等领域。市民积极参与立法或请愿运动。此外，市民还参与和主导了替代媒体。互联网和信息通信技术促进了这种发展。互联网所基于的媒体环境已将市民转变为既是生产者又是消费者（prosumer）。互联网通过从市民媒体扩展到社交媒体和播客，自媒体也应运而生。

特别值得一提的是，互联网极大地促进了市民社会的发展。传统上的市民社会一直以成员为中心面对面的封闭式运作。互联网的出现使市民社会更加开放，而信息共享也提高了市民的自发性。此外，与国际组织的交流也增加了。[①] 这使得听取市民声音的渠道也大大增加了。

因此，媒体中的用户主权得到了增强。在《广播电视法》中，通过立法加强观众委员会的地位、支持观众参与节目制作并设立相关的发展基金，观众和市民社会的作用得到了加强。此外，还为不太能接触到媒体的市民提供了参与的保障，进一步地维护了市民参与沟通的权利。

当然，市民社会参与媒体政策是带有政治性的。特别是，韩国市民社会的发展是学生运动和左翼运动的结果。左翼运动走上群众路线，通过建立市民团体进入了市民社会。媒体工会、全国教师工会在执行这条群众路线方面发挥了作用。这些市民团体在反美和反日运动中处于领导地位，并制定一些议题和宣言通过媒体和教育向公众进行宣传。市民社会成为了他们获得权力的工具。市民团体的领导人转变为职业政治家或职业官僚进入国家机构并掌握了政治权力。2017年左翼政府进入了青瓦台、国会、司法等行政部门和公共机构，他们将以往的发

[①] 金永哲（2008），"信息时代的社会运动"，《网络通信杂志》，第25卷第1期，5-42。

展经历定义为失败，并宣称不会重蹈覆辙，从而倡导制定20年的发展计划。市民社会转变为政治和国家权力，将既得利益者分为阵营，并在特定问题上遵循阵营的逻辑。

对此，出现了对市民社会万能论的批评。[1] 它源于对市民社会背离了市民社会原有精神，成为权力集团和既得利益者的反思。因此，现在需要一个全新的市民社会。可以说，市民社会的作用已经发展到可以参与媒体决策和产生替代媒体的程度，这是媒体治理的一次重大变革。因此，市民社会必须摆脱阵营的统治，独立于政治势力，恢复其本来的社会公益地位。当构成市民社会的市民团体是由市民自愿地积极参与并以公共利益为目标的非政府、非营利组织时，媒体治理的积极发展将成为可能。

传媒治理的经验教训

韩国媒体治理在经历了传媒产业化与公共性价值的良好结合的发展同时，也实现了数字化媒体融合。

1980年代和1990年代，右翼政府推动了媒体行业产业化的发展。特别是1990年代以来，媒体政策发生了显著变化，重视市场和产业发展。随着民营广播电视台SBS的设立和新媒体的引入，一项强调传媒产业化的政策得到推进。无线电视台旨在建立以加强公共利益为基础的"公共性公私合营"体系，有线电视和卫星电视等新媒体以"公共利益与产业化发展的和谐统一"为政策方针，提出了通过放松管制

---

[1] 郑永军（2011），"韩国广播电视政策的价值观和意识形态"，《广播电视传播研究》，第75卷，9-27。

从而实现增强国际竞争力的目标。随着数字技术的发展，报纸、广播电视、电信通讯和互联网的结合成为必然，多媒体成为发展的主流。

1999年韩国舆论财团进行的记者意识调查结果中显示，"来自企业或广告主的压力"和"来自媒体内部的限制或压力"高于"政府影响或控制"。媒体开始更加关注市场和商业领域。

进入2000年代，左翼政府强化了媒体的公共性。用户主权得到极大加强。政府以媒体从政治中独立为名，取消了公报处，将广播电视委员会升格为独立的行政机构，以确保广播电视的独立性。通过提高观众委员会的地位、观众参与制作节目的义务化和提供制作经费的支援等举措来确保广播电视的独立性。

然而，在这个过程中冲突也难免发生。2005年《报纸法》颁布时，政府以保障报纸运作、保护读者权益为借口，推动允许国家干预个别报纸的管制。包括强制成立编辑委员会和制定编辑规则，强制设立读者权益委员会，限制广告投放率等。但是在协商的过程中，一些强制性条款被更改为建议性的，有的甚至被删除掉了。从言论自由和产业发展角度来看，有些条款的确不能向政府妥协。

2010年代，右翼政府再次上台，实施了以传媒产业发展为导向的政策，例如允许报纸和广播电视台合营。它表明政府已将媒体视为ICT扩展领域的变化。其目的是在更广泛的ICT环境中看待媒体，而不仅仅局限于媒体领域。通过将媒体治理扩展到ICT治理，它与过去相比有了很大的不同。这是媒体治理的一个重要变化。

2017年左翼政府的出现再次改变了这一趋势。2000年代的左翼政府就开始主导媒体。2017年后，媒体又回归到了政府主导的威权主义。媒体行业中，私营部门萎缩，变成国家主导，工会也脱颖而出。

政府通过消除所谓的"假新闻"来消除反对和分歧。

自1980年以来我们一直在努力保护自由的沟通和努力摆脱媒体权力的限制，现在这些正在通过信息化得到新的发展。这就是借由网络视频发挥的新媒体作用。

特别是，YouTube已经成为一个新的公共论坛，可以表达与现有媒体不同的观点和主张。这也是全球化的结果。谷歌曾经在韩国的搜索服务、视频和电子邮件服务方面举步维艰。这是因为韩国用户对使用Naver和Daum等国内服务的忠诚度很高。谷歌通过尝试各种失败来逐渐扩大用户群，以找到适合韩国用户的解决方案。谷歌的YouTube在建立和传播自媒体方面发挥了重要作用。YouTube一开始并没有涉及讨论社会问题。起初它主要是吃播和爱好的视频，这些促成了1人媒体生态系统的创建。然而在这之后它却变成了政治舆论的讨论平台。YouTube成为可以自由发挥意见的场所。当然这也是对韩国现有的国内互联网媒体或平台未能发挥这类作用的一种反证。当现有媒体公司和互联网公司处于权力控制之下时，以信息为基础的全球媒体便成为一种新的选择。而这些网络视频又一次影响和改变着韩国媒体。

这些表明韩国社会是活跃的。韩国不再是一个陷入民族主义的小国。它是一个接受全球标准，并更进一步地参与到规则制定的国家。韩国与世界紧密相连，韩国不再是世界边缘国，而成为世界的主流，韩国国民也在接受这样的经验、训练和教育。另外，私营企业也是与世界密切相关的市场参与者。这一切都是无法逆转的。

通过全球化和信息化的成就，市民和私营部门已经在通过使用在线视频和互联网作为替代媒体中找到了自己的表达方式。尽管存在假新闻的争议，但仍在为重新平衡媒体生态系统做出努力。更值得注意的是，这些尝试是由市场和市民主导进行的，这也证明韩国已经发展成为政府无法随意控制媒体的成熟市场机制。

此外，韩国媒体正走在第四次工业革命的道路上。韩国媒体行业以世界市场为对象制作内容并利用ICT进行流通。韩国人知道如何利用与世界实时交流的数字媒体。市场和市民在第四次工业革命中的积极参与，这与他们成为媒体治理的主体一脉相通。2020年的市场和市民不会像40年前的1980年那样。韩国是世界上唯一一个在过去40年里经历了彻头彻尾变化的国家。

参考文献

Acemoglu, D. & Robinson, J.(2012),《国家为什么会失败：权力、繁荣和贫穷的起源》, Crown Business。

Bardoel, J., & d'Haenens, L. (2004), "媒体与民众相遇：超越市场机制和政府法规",《欧洲传播杂志》, 19(2), 165-194。

Bauer, J. (2010), "监管、公共政策和通信基础设施投资",《电信政策》, 34(1-2). 65-79。

Bertrand, L. C. (2011), "多利益相关方治理原则和创新政治范式的挑战". 摘录自 Kleinwachte, W 编辑的《互联网政策制定》（2011），柏林：互联网与社会公司。

Bevir, M. (2009),《治理中的关键概念》, 洛杉矶：Sage。

Carbonara, C. P. (1992), HDTV: 历史视角. 摘录自 CasaBianca, L. 编辑的《新电视：高清电视的综合调查》, Westport, CT: Meckler。

Chan-Olmsted, S, M, & Chang, B. H. (2003), "全球媒体集团的多元化战略：研究其模式和决定因素",《媒体经济学杂志》, 16(4), 213-233。

Choi, K.S. (1989), "1990 年代韩国的外交政策",《韩国与世界事务》, 13, 253-62。

欧洲共同体委员会（2006），《电子通信基础设施和相关服务的新监管框架》。

欧洲共同体委员会（2005），《欧洲议会和理事会指令之修订理事会指令 89/552/EEC 关于协调成员国法律、法规或行政行动中有关开展电视广播活动的某些规定》。

De Bruin, R. & Smits, J. (1999)，《数字视频广播：技术、标准和法规》，伦敦：Artech House。

Doyle, G. & Vick, D. (2005)，"2003 年通信法：英国的新监管框架"，《趋同（Convergence）》，11(3), 75-94。

Foley, J. (1997)，《CDG Eurostudy：欧洲的数字地面电视》。

欧盟委员会（1997），《关于电信、媒体和信息技术部门融合及其对监管的影响的绿皮书——迈向信息社会的方法》。

Freedman, D. (2008)，《媒体政策的政治》，剑桥政治出版社。

Fukuyama, F. (1992)，《历史的终结和最后的人》, Free Press。

Gibbons, T, & Humphreys, P. (2012)，《压力下的视听监管：北美和欧洲的比较案例》。Routledge。

Goldsmith, S, & Eggers, W. (2004)，《网络治理：公共部门的新形态》，布鲁金斯学会出版社。

Hamelink, C, J. & Nordenstreng, K. (2007)，"迈向民主媒体治理"．摘录自 E, De Bens 编辑的《文化与商业之间的媒体》, Bristol: Intellect。

汉斯-布雷多研究所（HBI）和欧洲传媒法研究所（EMR）（2006），《媒体部门共同监管措施研究的最终报告》，2016 年 3 月 24 日检索自 http://ec.europa.eu/avpolicy/docs/library/studies/coregul/finalrepen.pdf。

Harvey, D. (2005),《新自由主义简史》,牛津:牛津大学出版社。

Hayashi, K. (2009),"改革日本广播电视系统的困境".摘录自 Ward, D. 编辑的《电视和公共政策:全球自由化时代的变化和连续性》,劳伦斯·厄尔鲍姆协会。

Huntington, S. (1991),《第三次浪潮:二十世纪后期的民主化》,俄克拉荷马大学出版社。

Informa 电信和媒体(2007),《2007 年电视趋势》,伦敦:Informa 电信和媒体。

ITU (2016),《ICT 统计数据》。检索自 http://www.itu.int/en/ITU-D/Statistics/Pages/default.aspx

ITU (2013),《支持互联网治理中的多方利益相关者》.检索自 http://www.itu.int/en/wtpf13/Documents/backgrounder-wtpf-13-internet-governance-en.pdf

ITU (2003),《为什么是信息社会峰会》。检索自 http://www.itu.int/wsis/basic/why.html

Jenkins, H. (2006),《应对参与式文化的挑战:21 世纪的媒体教育》,麦克阿瑟基金会白皮书。2008 年 7 月 1 日检索来自 https://www.macfound.org/media/article_pdfs/JENKINS_WHITE_PAPER.PDF

Just, N. (2009),"衡量媒体集中度和多样性:欧洲和美国的新方法和工具",《媒体、文化与社会》,31(1), 97–117。

Kaitatzi-Whitlock, S. (1998),"欧洲高清电视的标准化政策制定".摘录自 Dupagne, M. & Seel, P. 编辑的《高清电视:全球透视》,爱荷华州立大学出版社。

Kaufmann, D, & Kraary, A. (2002),《没有治理的增长》,世界银

行研究所和发展研究小组。

Kersbergen, K. V, & Waarden, F. V. (2004),"治理作为学科之间的桥梁:关于治理转变以及可治理性、问责制和合法性问题的跨学科灵感",《欧洲政治研究杂志》, 43(2), 143–171。

Kikert (1997),"荷兰的公共治理:英美'管理主义'的替代方案",《公共行政》, 75, 731–752。

Kim, D. H. (2011),"广播电视和电信融合的新监管机构:韩国案例",《政府信息季刊》,28(2), 155–163。

Kooiman, J. (2003),《治理即治理(Governing as governance)》,伦敦:Sage。

Kummer,M. (2007),"互联网治理辩论:从日内瓦到突尼斯及其他地区",《信息政策》,Vol. 12, 5–13。

McGrail, M, & Roberts, B. (2005),"宽带有线电视行业战略:管理与技术创新的挑战",《Info》,7, 53–65。

McQuail, D. (2007),"简介:欧洲媒体治理的现状".摘录自 G. Terzis 编辑的《欧洲媒体治理:国家和地区维度》, Bristol: Intellect。

McQuail, D. (2005),《大众传播理论(第5版)》,伦敦:Sage。

Mindel, J. & Sicker, D. (2006),"利用欧盟监管框架改进美国电信市场的分层政策模型",《电信政策》, Vol. 30, No. 2。

Mueller, M. (2010),《网络和国家:互联网治理的全球政治》,麻省理工学院出版社。

Napoli, P. M. (2008),"媒体政策",摘录自 W. Donsbach 编辑的《国际通讯百科全书》,牛津:Blackwell。

Negrine, R. (1994),《英国的政治和大众传媒》,伦敦 : Routledge。

Negroponte, N. (1995),《数字化（Being Digital）》, Alfred Knopf。

NETmundial(2014),《NETmundial 多利益相关方声明》。检索自 http://netmundial.br/wp-content/uploads/2014/04/NETmundial-Multistakeholder-Document.pdf

纽约时报 (2014),《创新》,纽约。

Noam, E, & 国际媒体集中合作（2016）,《谁拥有世界媒体？：世界各地的媒体集中度和所有权》,牛津大学出版社。

国家电信和咨询局(NTIA)(1995),全球信息基础设施: 合作议程。https://www.ntia.doc.gov/report/1995/global information-infrastructure-agenda-cooperation

OECD (2004),《趋同对电子通信监管的影响》, OECD DSTI/ICCP/TISP。

O'siochru, S. (2004), "民间社会参与 WSIS 进程：承诺与现实",《连续体：媒体与文化研究杂志》, 18(3), 330–344。

Peters, B, G. & Pierre, J. (1998), "没有政府的治理？ 重新思考公共行政",《公共行政研究与理论杂志》, 8(2), 223–243。

Pierre, J. & Peters, B. G. (2000),《治理、政治和国家》,伦敦：Macmillan。

Puppis, M. (2010), "媒体治理：媒体政策和监管分析的新概念",《传播、文化和批评》, Vol.3, 134 – 149。

PwC (2015, 2014, 2011, 2005).《全球娱乐和媒体展望报告》.

Randolf, et al, (2005),《数字时代通信法案（DACA）- 监管框架工作组》（第 1,0 版）,进步与自由基金会。

Smith, P. (2006),"英国电视政策的政治：Ofcom 的形成",《媒体、文化和社会》, 28(6). 929–940。

Sugaya, M. (1995),"日本的有线电视和政府政策",《电信政策》, 19(3)，233–239。

Suzuki，A.（2006），《美国电缆行业的垂直整合》，ISER 讨论文件，大阪大学社会经济研究所，第 675 号。

联合国（2014），《全球电子政务调查》。检索自 http://www.unpan.org/egovkb/global_reports/08rep ort, htm

联合国（1998），《关于非政府组织参与联合国的系统》，报告 A-53/170。

Wheeler, M. (2004),"超国家监管: 电视和欧盟",《欧洲通讯杂志》, 19(3), 349–369。

Whitt, R. (2003),"横向飞跃：基于网络分层模型制定新的公共政策框架",《联邦通信法杂志》，第 56 期。

WSIS (2005)，《信息社会突尼斯议程》， 检索自 http://www.itu.int/wsis/docs2/tunis/off/6rev1.pdf

市民经济正义联盟等（2014），《向"关于互联网治理未来的世界多方利益相关者会议"提交的韩国市民社会意见》，2014.3.12。

经济体制改革规划组（1998），《D-TV：下一代出口战略方案》。

公报处（1995），《先进广播电视五年计划》。

公报处（1995），《先进广播电视五年计划（草案）》。

公报处（1996），《有线电视白皮书》。

国民日报（2011），《3.10 NCCK 第一期广播电视通信委员会评价研讨会：广播电视市场的两极分化》。

国会立法调查处（2012），《根据 IT 生态系统结构变化的 IT 推进体系重组方向》。

权根洙（1998），《想要改变世界的人》，韩民族日报。

朴赞洙（2017）。《NL 现代史》，人物和思想史。

权浩勇，金荣秀（2008），《IPTV 的出现改变了付费广播市场》，韩国广播产业振兴院。

金光范（2003），《为统一管理广播电视和通信设立韩国广播电视通信委员会》，韩国媒体和信息学会学术大会上的演讲，85-97。

金基泰（2004），《观众主权与观众运动》，Hannarae 出版社。

金大植（2008），"韩国广播电视通信委员会设立法案，有什么问题？"，《KBS 开放空间》，No.415，2008.2.1。

金大浩（2012），在韩国广播协会研讨会上发表的《ICT 治理系统的变化和展望》。

金大浩等（2011），《媒体生态系统》，通信图书出版社。

金大浩等（2011），"英国数字融合政策的特征：公共部门之间的合作与竞争"，《广播电视与通信研究》，第 76 卷，韩国广播电视学会。

金大浩（2007），"作为广播电视和通信融合监管系统的横向监管系统的问题"，《信息通信政策研究》，第 14 卷第 1 期，19-43，韩国信息通信政策学会。

金敏南等（1993），《重新书写韩国舆论史》，晨间出版社。

金敏焕（1996），《韩国舆论史》，纳南出版社。

金承洙（1995），《韩国传媒产业理论》。纳南出版社。

金承洙（1998），"广播电视重组的真正含义"，《新闻批评》，

24, 28–35。

金永哲（2008），"信息时代的社会运动"，《网络通信杂志》，第 25 卷第 1 期，5–42.

金有焕（2010），"立法过程中的冲突解决：韩国的情况和问题"，《法律杂志》，209–227，梨花女子大学法律研究所。

金恩奎（2006），"21 世纪国际信息秩序的新范式？：信息社会世界峰会（WSIS）的历史背景和议程回顾"，《韩国新闻情报学报》，第 34 期（2006 年夏季）34–62。

金周彦（2008），《韩国媒体控制》，Rebook 出版社。

金智妍，金大浩（2015），"影响韩国有线公司增长战略的因素"，《文化产业研究》，第 15 卷第 2 期，73–82。

金泰伍（2011），"传媒法的主要问题和内容"，《经济法规和法律》，第 2 卷第 2 期，182–186。

金贤坤等（2009），《21 世纪社会融合新范式与基于 ICT 的社会融合策略研究》，韩国信息社会振兴院。

总统过渡委员会（1998），《第十五届总统过渡委员会白皮书》。

网络中立用户论坛（2013），《关于政府重组的网络中立用户论坛的立场》，2013.2.5。

MBC 文化电视台工会成立宣言，1987.12.14。

穆勒，米尔顿（2013），"国际电联 WCIT 的威胁分析"，《互联网信息社会学报》，第 14 卷第 4 期，5–23。

文化体育观光部（2008），《2007 年文化产业白皮书》，文化体育观光部。

媒体传播网络（2012），《媒体生态系统民主化政策报告：媒体改革与市民的权力》。

Medias (2008),《扩大媒体公共性的社会行动》,2008.1.29。

今日媒体(2011),"韩国广播电视通信委员会委员长崔始中连任是'破坏政治中立'的争议",2011.3.23。

未来创造科学部(2013),《第五个国家信息化基本规划》。

民主媒体市民联盟(2006),《IPTV应作为广播电视服务引入》,2006.10.21。

民主媒体市民联盟(2003),《致韩国广播电视委员会关于"暂停数字广播转换时间表并敦促政策审查"的声明》,2003.8.27。

朴智焕(2013),"IGF作为全球治理论坛的意义",《互联网信息社会学报》,第14卷第3期,58-67.

朴振宇,李正勋(2016),"民主化时代的媒体与民主价值观的退步",《韩国广播电视学会会议论文集》,61-80。

方仁赫(2009),《韩国转型运动和意识形态争议》,松树出版社。

广播电视改革委员会(1999a),《广播电视改革的方向和课题》。

广播电视改革委员会(1999b),《广播电视改革委员会活动白皮书》。

韩国广播电视委员会(2006),《使用通信网络的广播电视服务推行方案》。

广播电视制度研究委员会(1990),《广播电视系统研究报告:面向21世纪的韩国广播电视发展坐标》。

韩国广播电视通信委员会(2011),《综合编成,新闻报道专门PP批准白皮书》。

韩国广播电视通信委员会(2018),《广播电视市场竞争态势评估》。

产业资源部（1998），《经营诊断报告》。

徐正宇，车培根，崔昌燮（1993），《媒体控制论》，法文社。

先进广播电视政策咨询委员会（1994），《先进广播电视政策咨询委员会报告》。

宋建昊（1990），《韩国现代舆论史》，三民社。

宋哲燮（1990），"有线广播电视的现实和综合有线广播电视的引入"，《大韩通信学会会刊》，第7卷第4期，88-97。

宋熙俊（2002），"知识信息社会的政府设计方向"，《社会科学研究论丛》，第九卷，5-24，梨花女子大学社会科学研究所。

阻止媒体私有化和扩大媒体公共性的社会行动（2008），成立宣言，2008.1.29。

吴定延（2006），"韩国信息化政策发展历程与成果"，《国家通信局问题报告》，第06-07号，国家电算院。

吴智云（2011），"媒体政策与民族主义特征的变迁：以金泳三政府时代的有线电视产业为中心"，《韩国新闻杂志》，第54卷第6期，396-421。

柳贤硕（2003）。全球治理中的国家和全球公民社会。韩国《政治科学杂志》，第39卷第3期，331-352。

尹锡民（2008），"2008年初政府换届之际，围绕广播电视和通信政策组织重组的讨论中的困惑和问题"，《媒体信息研究》，第45卷第1期，29-66。

尹锡民，金秀贞（2005），"有关广播电视和通信监管机构整合的讨论现状与展望"，《韩国新闻协会研究报告》，1-59。

参考文献

李相宇（2006），"通信广播电视融合时代的横向监管体制"，《KISDI 问题报告（06-04）》。

李婉祺（2002），"地面数字广播电视的技术政策和问题"，《韩国广播电视学会会议论文集》。

李载真（2013），《媒体伦理》，通信图书出版社。

李俊熊等（2010），"韩国社交媒体系统的特点：民主化实施模式的提议"，《通信理论》，第 6 卷第 1 期，87-143。

李恒宇（2009），全球化、互联网治理和 ICANN，《经济与社会》，夏季 2009 第 82 卷，28-160.

林赫白（2000），"21 世纪韩国市民社会与对过去的民主的反思与寻求未来的愿景"，《社会批判》，第 25 期，146-176。

自由联盟（2004），《自由联盟成立宣言》，2004.11.23。

张日浩（2019），"我看 YouTube 是因为我不相信新闻"，《时事人》626 期，2019.09.17。

全国媒体工会（2008），把新闻卖给财阀、主流报纸和外资，打算促进什么样的新闻自由？ 2008.12.3。论评。

全奎灿（2006），"新媒体领域的发展乱象，名为资本的导演"，《文化科学》，第 45 期，173-182。

郑九贤（2013），《我们的路在何方》，清林出版社。

信息通信政策研究所（2011-2018），《广播电视节目观众的满意评价指数（KI）调查》。

郑相荣（2004），《欧洲横向监管框架》，《通信市场》，第 56 卷，KT 经营研究所。

郑顺日（1991），《韩国广播电视的昨天和今天》，那南出版社。

郑永军（2011），"韩国广播电视政策的价值观和意识形态"，《广播电视传播研究》，第 75 卷，9-27。

郑进锡（1992），"6 月 29 日宣言在媒体史上的意义"，《报刊与广播电视》7 月号，20-25。

郑进锡（2001），"历任政府的媒体政策"，《宽勳杂志》秋季刊（第 80 期）。

郑洪植（2007），《韩国 IT 政策 20 年：从一千美金到一万美金的时代》，首尔电子新闻社。

赵信等（1996），《制定电信与广播融合的中长期政策措施（2）》，信息与通信政策研究所。

赵孟基（2011），《韩国舆论史理解》，西江大学出版社。

赵恩英、刘世京（2014），综合编成频道的引入和新闻报道的多样性，《韩国新闻杂志》，第 58 卷第 3 期，433-461。

赵义振（2007），"媒体改革市民联盟对媒体改革运动的传播策略研究"，《广播电视与通信》，第 8 卷第 2 期，192-215。

曹航济（2003），《韩国广播电视的历史与前景》，Hanul 出版社。

曹航济（2014），《韩国官营电视台的身份与责任》，Culture Look 出版社。

地面数字广播电视促进委员会（1998），《地面数字广播电视转换计划调查报告》。

蔡白（2015），《韩国舆论史》，Culture Look 出版社。

蔡英吉（2019），"2018 年媒体受众意识调查"，《报刊与广播电视》，韩国舆论振兴财团。

崔英木（2005），《市民媒体论》，ARCHE 出版社。

参考文献

崔长集（2005），《民主化后的民主，韩国保守派起源与民主危机》，人道主义。

崔昌峰、姜贤斗（2001），《韩国广播电视100年》，玄岩社。

韩国统计厅（2016），《通过统计数字看解放70周年韩国社会变迁》。

韩民族日报（2013.2.6），未来创造科学部无法保证广播电视的独立性和公平性。

韩国记者协会（2009），《现役记者对传媒法的民意调查结果》，记者协会网站。

韩国广播电视公社工会成立宣言，1988.5.20。

韩国广播电视学会（2012），《韩国广播电视的社会文化史》，Hanul出版社。

韩国信息振兴院（2012），《智能时代的未来》。

韩太烈（2002），《韩国舆论的结构控制与新闻自由》，草光出版社。

黄宗成（2007），"韩国式信息化模式探索"，《信息化政策》，第14卷第4期，4–19。

黄俊锡，宋正洙（2004），"信息和通信政策的未来：分层模型通信融合政策方法"，《通信市场》，第56号，KT经营研究所。

洪成区（2003），"网络报纸的成长与媒体秩序的变化：聚焦'Oh My News'"，《社会科学研究》，第42期，237–253，江原大学社会科学研究所。